Minnedurst

Lustvolle, derbe Schwänke aus altdeutscher Zeit

Minnedurst

Lustvolle, derbe Schwänke aus alter Zeit

Originalausgabe

H. A. – Center

Bekannt für schwache Grammatik, aber mächtigen Inhalt

Kontakt:

H. A. – Center

Giradetstr. 2-38
45131 Essen
Tel. : 0172/5208929

E-Mail: hermann@historia-aktiv.de

Hermann

Historia Aktiv™

Minnedurst

Zweite Auflage

Autor: Anonymous
Redaktion: Harald Eisenmenger
Text © Copyright 2000 by H.A.-Center
Titelbild © Copyright 2000 by Hermann
Alle Rechte vorbehalten.
Layout: Hermann
Umschlaggestaltung: Hermann
Gesamtherstellung: Libri - Books on Demand
Printed in Germania 2000
ISBN: 3-8311-0769-6

Inhalt

Von hochrühmlichen Potentaten, wackeren Rittern und andern Edelleuten

Das erste Kapitel

1

Die halbe Birn

Vor Zeiten herrschte hier ein König,
An Reichtum hatte er nicht wenig
Und war – wie ich geschrieben fand –
Der Mächtigste im ganzen Land.
Auch hatte er ein edles Weib,
Von hoher Zucht und schönem Leib;
Doch mochte keine schöner sein
Als ihrer beider Töchterlein:
In ihren Anblick still versunken,
Ward man von so viel Schönheit trunken.
Und wer auf Frauen sich verstand,
Der wußte weit und breit im Land
Ihr keine andre gleichzusetzen;
Was Männer so an Frauen schätzen,
Das war ihr reichlich zugemessen.
Gar manchen, der sie gern besessen,
Sah man sich redlich mühn und plagen;
Doch tät man allen sie versagen.

Der König teilt' auf ihre Bitt
Der Fürsten rings im Lande mit,
Daß der das Mädchen haben sollte,
Der sie im Kampf erstreiten wollte
Bei einem lustigen Turnei,
So erst im Wonnemonat Mai
Das Laub aus allen Knospen dringe.
Und wer allda den Preis erringe,
Dem würd man sie zum Weibe geben.
Man lud auf einen Plan, der neben
Der Burg lag, was da Namen hatt.
Das Fest, so hieß es, fände statt
Die ganze schöne Sommerszeit.

Die Mär erscholl nun also weit,
Daß alle hochberühmten Namen
Zur Burg besagten Königs kamen.

Nun saß, wie ich bezeugen kann,
Ein freigeborner Rittersmann,
Arnold genannt, nicht weit davon;
Der hatte um der Minne Lohn
Gefochten manchen wackern Strauß.
Voll Kraft und Ehren, sah er aus
Gleich wie ein Zweig in vollem Blust.
Heiß loderte die Jugendlust
In diesem vielgepriesnen Degen.
Wie mancher andre kam er wegen
Der Königstochter zum Turnei.
Welch herrliches Gemälde, hei!
Als er da auf dem Plan erschien:
Es leuchtete wie Gras so grün
Des Rosses Sammetdecke;
Es trug der edle Recke
Dazu ein grünes Kriegsgewand
Auch zeugt' von seinem hohen Stand,
Was er da mit sich führte.
Doch wen er nur berührte,
Der mußte um sein Leben flehn.
Das hatte nun schon oft gesehn
Die junge, hübsche Königin,
Und sie gedacht in ihrem Sinn,
Wer denn wohl jener Fremde wär,
Des Tapferkeit und Ruhm und Ehr
Sich mehr als einmal offenbart.
Für seine Gegner war es hart,
Wie er mit kampfgewaltger Hand
Vom Roß hiernieder in den Sand
So manchen wackern Streiter stieß.

Nun, auch der König merkte dies
Und ließ ihn, voller Gnaden,
Zu seiner Tafel laden.
Sein Töchterlein war hocherfreut.
Ei, was die Erde Gutes beut
Für den verwöhnten Herrenmagen,
Das wurde prunkvoll aufgetragen,
Dem Ritter und dem Königskind.
Er saß, wie ich berichtet find,
Bei jenem Mahle neben ihr.
Zuletzt trug Birnen man herfür,
So köstlich, wie sie denn wohl kaum
Gedeihn auf einem andern Baum.
Man hatte, so war's ausgemacht,
Je zweien eine zugedacht.
Dazu reichte man Käse dar,
Wie es schon damals Sitte war
Bei festlichen Gelagen.
Nun hört und laßt euch sagen,
Wie unser Ritter unverweilt,
Da man die Birnen ausgeteilt
Und vor ihm eine hingelegt,
Sie ungeschält entzweigesägt
Mit seinem scharfen Messer,
Der ungeschlachte Fresser!
Des Königs Tochter ward ihm gram
Daß er sich nicht die Muße nahm,
Die Birne erst einmal zu schälen.
Er ließ es sehr an Anstand fehlen.
Warf seine Hälfte in den Schlund,
Griff schmatzend nach der andern und
Schob sie der Königstochter hin.
Das bracht ihm kläglichen Gewinn.

Kaum war er wieder auf dem Plan,
Da rief die Jungfrau wohlgetan:

16

»Ei seht, da ist der wackre Held,
Der sich die Birne ungeschält
Auf einmal in den Rachen warf.
Meint ihr, daß er der Zucht bedarf,
Da überall sein Lob erklingt,
Wie er die halben Birnen schlingt?«
Er tummelte sich frisch im Streit,
Indes geschah ihm neues Leid,
Die Wohlgetane rief: »Fürwahr,
Wie ist doch aller Hofzucht bar,
Der da die halbe Birn verschlungen.
Er hat sich Schmach und Schand errungen!«
Die Rede schuf ihm große Not,
Vor Scham ward ihm das Antlitz rot
Im Kreise derer, die da standen,
Sein guter Name war zuschanden.
Im Zorne er von dannen fuhr
Und tat, von Sinnen fast, den Schwur
Bei seinen Heilgenbildern:
Er wolle ganz verwildern,
Sich aller Frömmigkeit begeben
Und fortan nur der Rache leben,
Wollt rächen das erfahrne Leid.

Nun stand dem Ritter treu zur Seit
Ein wackrer Knecht, Heinrich genannt,
Bei dem er Trost und Beistand fand.
Mocht seinen Rat nun mal nicht missen.
Den ließ er bald vertraulich wissen,
Was alles ihm begegnet war;
Und fragt' ihn, da er Rates bar,
Wie er wohl könnt vergelten
Der Königstochter Schelten
Um so geringe Missetat.
»Ei Herr, so höret meinen Rat!«
Sprach zu ihm der getreue Knecht,

»Vertraut mir nur, er ist nicht schlecht!
Werft von Euch dieses reiche Kleid,
Auf daß Ihr ganz verwandelt seid,
Und macht Euch nur zum rechten Toren;
Auch laßt Euch oberhalb der Ohren
Die Haare scheren ganz und gar.
Alsdann verkleidet Euch, und zwar
Legt solche tollen Kleider an,
Wie's toller keine geben kann.
Auch müßt Ihr Euch, bei Gott, nicht waschen,
Beschmiert vielmehr mit Ruß und Aschen
Das Angesicht, auch Fuß und Händ,
Auf daß der *corpus* allerend
So schwarz wie hier die Erde sei.
Und einen Kolben, schwer wie Blei,
Den nehmt zum Wanderstabe;
Mit törichtem Gehabe
Lauft Ihr nun vor des Königs Tisch
Und schlagt, ob's Reiher oder Fisch,
Den ganzen Plunder kurz und klein.
Und redet jemand Euch darein,
Der spüre Eure wackren Stöß;
Auch macht allda ein groß Getös.
Kurz, zeigt Euch vor der Königin,
Als sei Euch völlig wirr der Sinn.
Und sollte jemand Euch was fragen,
Dem müßt Ihr keine Antwort sagen,
Gerade so, als wärt Ihr stumm;
Fahrt wie ein Irrer um und um.
Vor allem bleibet jederzeit
Beharrlich an der Jungfrau Seit
Und merket auf, was man da spricht;
Das sollt Ihr mir verschweigen nicht,
Wenn Ihr hernach zurücke kommt,
Dieweil mein Rat Euch sicher frommt.«

Die Worte dünkten ihn nicht schlecht,
Er folgte seinem wackern Knecht.
Ließ scheren sich vom Kopf das Haar,
Wie's bei den Narren Sitte war,
Auch trug er Kleider wie ein Tor
Und ließ sich schwärzen wie ein Mohr,
Das Kleid tät kaum die Knie ihm decken.
Darauf nahm er seinen Wanderstecken
Und fuhr dahin sein Straßen.
Nicht wenige vergaßen,
Den Mund zu schließen, die ihn sahn.
Und als er stieg zum Schloß hinan,
Da gab's ein groß Gedränge;
Es brodelte die Menge.
»Das heilge Kreuz beschütz uns heut!«
So schrieen laut im Chor die Leut,
»Wer bracht uns diesen Narrn ins Haus?«
Es war für sie ein rechter Graus,
Und hatten doch auch Spaß daran.
Indes er sich nicht lang besann,
Tät wie ein rechter Irrer toben,
Daß allerorts die Funken stoben.
Mit seiner starken Keule
Schlug er manch harte Beule
Den Knechten, die da liefen
Und »Seht den Narren!« riefen.
Doch konnten sie den Torn nicht fassen
Und mußten ihn gewähren lassen;
Denn wer mit Narren scherzen will,
Erduld ihr Spiel und schweig fein still.

Nun höret, wie er's weiter trieb.
Er schlich sich heimlich wie ein Dieb,
Sobald es Nacht ward, allemal
Vor seiner Königstochter Saal
Und legt' sich vor die Türe hin;

Es ging ihm nämlich durch den Sinn,
Ob nicht die wonnigliche Maid
Des Nachts in aller Heimlichkeit
Beschäftigt sei mit solchen Dingen,
Die sie in Schande könnten bringen.
Lag dort wie ein getreuer Hund
Vor ihrer Kammertüre und
Trieb dieses Spiel geraume Zeit.

Nun saß einmal die holde Maid
Im Kreise ihrer Frauen,
Man tät ins Feuer schauen,
Erzählt' sich auch manch guten Schwank,
Fürwahr, ihn'n wurd die Zeit nicht lang.
Da kam der Frauen eine
Daher, und zwar alleine,
Trat hin vor der Kemnaten Tor
Ich glaub, die Gute wollt davor
Ihr Bächlein rauschen lassen;
Da sah sie – kaum zu fassen! –
Den nackten Narrn im Dämmerschein;
Lief zu den andern schnell hinein
Und sagt' der Königin die Mär,
Daß drauß der nackte Irre wär,
Ja, drauß vor der Kemnaten.
»Da sind wir gut beraten,
Mir steht nach Närrischem der Sinn!«
So sprach die stolze Königin,
»Drum bringt uns her den alten Narren
Er soll recht wie ein Gockel scharren
Vor mir hier in der Aschen!«
»Ach, er ist ungewaschen«,
So sprach das Mägdelein zu ihr,
»Drum laßt ihn lieber vor der Tür!«
»Deswegen nur? Mir ward gesagt«,
Sprach da die Herrin unverzagt,

»So viel von ihm, daß ich gern wüßt,
Was an dem Kauz nun wirklich ist.«
Sie wollt nicht länger warten, nein!
Und schickte zwei der Mägdelein
Hinaus vor die Kemnaten,
Wo sie den Burschen baten,
Doch Platz zu nehmen drin beim Feuer.
Schuh waren wohl für ihn zu teuer,
Auch hatte er kein Unterkleid
(Ihm fehlten Zucht und Schicklichkeit),
So daß ihm sein enormes Ding
Herab bis in die Asche hing.
Hockt' also vor der Jungfrau zart
Und riß nach Possenreißer Art
Weit auf das Maul bis zu den Ohren;
Indessen hatt man an den Toren
Und seinem Fatzwerk großen Spaß.
Doch wie er so bei ihnen saß,
Da regten sich in ihm die Säfte,
Und die zurückgestauten Kräfte,
Die wurden plötzlich offenbar.
Das ward er nur zu bald gewahr
An seinem guten Alten,
Der schlapp und voller Falten
Zuvor gekrümmt sich wie ein Wurm;
Der stand nunmehr bereit zum Sturm
– Kampf war sein einziges Begehr –
Vor ihm mit aufgerecktem Speer.
Kaum hatt die Königin das gesehn,
Da war's auch schon um sie geschehn.
Oh, der verwünschten Morgengabe!
Frau Venus und ihr Amorknabe
Bewirkten an ihr dieses Wunder,
So daß sie Feuer fing wie Zunder,
Als sie mit eignen Augen sah,
Wie an dem tollen Kerle da

Der elfte Finger prangte vorn;
Sie sah desselben Minnedorn,
Und ihr Verlangen schuf ihr Pein.
Wollt darum gern alleine sein
Und hieß die andren Frauen gehn.
Das war in kurzem auch geschehn.
Nur die Vertraute blieb zurück
(Die bracht der Jungfrau wenig Glück!)
Sie war durchtrieben, listig, schlau
Und diente ihr als Kammerfrau;
Frau Irmingard ward sie genannt,
An die sich nun die Herrin wandt:
»Nun rate mir, was soll ich machen?
Hast du mir doch in derlei Sachen
Schon manchen guten Rat gegeben;
Wie läßt die Unruh sich beheben,
Das Ungemach, das ich erduld,
An dem nur jener Tolle schuld?
Glaub mir, ich brenne also sehr,
Daß das Verlangen und die Ehr
Stehn streitend an der Waage beide,
Für wen mein Wille sich entscheide.«
Die alte Vettel sprach: »Nur Mut!
Ich rat Euch gern und rat Euch gut
Und helfe Euch – bei meinem Eid! –,
Daß Ihr bald überdrüssig seid
Der Lust, nach der Ihr Euch verzehrt.
Indes, wen diese Lust versehrt,
Der ist fürs erste nicht zu retten.
So laßt Euch denn aufs schönste betten;
Ich werd zu jenem Narren eilen
Und ihn bereden, ohn Verweilen,
Daß er sich schmieg an Eure Seit
Und von Euch nehm das große Leid,
Das einzig von der Minne kommt.
Wie sehr Euch seine Hilfe frommt,

Das bleibt vor aller Welt verschwiegen.
Es kann sich gar nicht besser fügen
Als mit dem Narrn, dieweil er nicht
Nur taub ist, sondern auch nicht spricht.
Ja, taubstumm ist er offenbar!«

Das hörte nun der gute Narr,
Dem es, was auch die Zofe sprach,
Wohl an der Rede ganz gebrach.
Tät nur mit stieren Augen gaffen
Und ließ die Alte wacker schaffen,
Bis sich die Maid im Bett befand.
Da nahm sie ihn denn bei der Hand
Und führt' ihn zu der Minnesiechen;
Ließ ihn an ihre Seite kriechen
– Schob ihn wohl mehr, als daß er kroch –,
Berichtet uns die Märe doch,
Er sei dort steif und stumm gelegen,
Ohn sich im mindesten zu regen,
Grad wie ein Igel eingerollt.
Indes er bald bemerken sollt
Der Jungfrau große Lüsternheit.
Der Umstand war ihm gar nicht leid,
Konnt er sie doch also verderben.
Ließ füglich darum alles Werben,
Rührt' sie mit keinem Finger an,
Derweil die Sehnsucht nach dem Mann
Die Königstochter fast verzehrte.
Oh, welche Qualen ihr bescherte,
Der neben ihr so reglos blieb
Und jenes holde Spiel nicht trieb,
Ohn das die Weiber siech und krank.

Der Jungfrau ward die Weile lang,
Konnt diesen Mangel nicht ertragen.
»Ach, Irmingard«, so tät sie sagen,

23

»Wenn du mir treu ergeben bist,
So helfe mir mit kluger List,
Bewähr an mir all deine Kunst,
Und du bist sicher meiner Gunst.«
Die Alte war dazu bereit:
»Steh Euch zu Diensten jederzeit!«
Sie legte kurzerhand den Gauch
Der Jungfrau auf den weißen Bauch
Und drückt' ihn zwischen ihre Bein.
Noch lag er, wie im Sonnenschein
Ein alter Hofhund, schlapp und flau,
Bis Irmingard, die Kammerfrau,
Nach einem guten Stecken griff
Und ihm damit eins überpfiff;
In diesem Mittel lag das Heil,
Weshalb des Toren Hinterteil
Mit manchem wackern Streich sie pflegte,
Bis sich der matte Hofhund regte;
Wie jubelte das Schwesternpaar!
Allein der alte Rammbär war
Der Königstochter also gram,
Daß er, als nun der Zeitpunkt kam,
Da sie den Gipfel fast erstiegen,
Das schöne Kind ließ einfach liegen,
Verwehrte ihr das höchste Glück;
Sie rief: »Oh, welch ein Mißgeschick!
Ach, stupf ihn, stupf ihn, Irmingard,
Du hast so eine eigne Art,
Die dich seit eh und je geziert;
Mach, daß er sich von neuem rührt!«
Frau Irmingard gewährte,
Was man von ihr begehrte;
Sie stupfte ihn und knuffte ihn,
Sie rupfte ihn und puffte ihn,
Bis diese neue Minneart
Den beiden zu beschwerlich ward

Und alle Süßigkeit zerrann. –
Da stieß man denn den guten Mann
Zum Bett hinaus und vor die Tür.

Kaum kam der neue Tag herfür,
Da hub er sich von dannen
Und lief zu seinen Mannen.
Erzählte seinem Knecht die Mär,
Was alles ihm begegnet wär
Im Königsschloß die Nacht zuvor,
Bis jener hoch und heilig schwor,
Die Sach könnt gar nicht besser stehn.
Man säumte nicht, im Handumdrehn
War nun ein schönes Bad bereit,
Er legte ab das Narrenkleid
Und ward gebadet und gewaschen,
Befreit von Ruß und Staub und Aschen;
Und lobte Gott, als dies gelang.
Auch sagt' er seinem Knappen Dank,
Daß er ihm also sehr genützt,
Mit Rat und Tat ihn unterstützt,
Drauf ließ Knecht Heinrich sich vernehmen:
»Nun Herr, so wollet Euch bequemen,
Aufs neue zum Turnier zu reiten,
Um vor der Jungfrau dort zu streiten.
Mit Helm und Schild, in voller Wehr,
Den Staub aufwirbelnd sprengt daher,
Wie sich's für einen Ritter schickt.
Wenn Euch die Holde dann erblickt,
Den ›mit der halben Birne‹ nennt,
So zögert nicht und ruft behend:
›Ach stupf ihn, stupf ihn, Irmingard,
Du hast so eine eigne Art,
Die dich seit eh und je geziert...‹
Kaum hat der Ton ihr Ohr berührt,
Gedenkt sie jener Missetat,

Die sie mit Euch begangen hat
Daheim in ihrem Bette.
Ich halte jede Wette
Und wage Gut und Leben dran,
Daß Euch das schöne Kind fortan
Verschonen wird mit dem Geschrei.«

So ritt er wieder zum Turnei.
Kaum daß er auf dem Plan erschien,
Sah ihn die Maid und höhnte ihn:
»Ei seht, da ist der wackre Held,
Der sich die Birne ungeschält
Auf einmal in den Rachen warf;
Meint ihr, daß er der Zucht bedarf?«
Da sprach er zu der Königin:
»Ei seht, welch hoher züchtger Sinn!
Ach stupf ihn, stupf ihn, Irmingard;
Du hast so eine eigne Art,
Die dich seit eh und je geziert;
Mach, daß er sich von neuem rührt.«
Als das die Königin vernahm,
Ein Schreck ihr Herze überkam,
Daß es fast stehngeblieben wär.
Sie ward ganz grün, bei meiner Ehr,
Ja, grüner als das grüne Gras;
Dann wieder ward sie rot, so daß
Sie eher einer Kirsche glich.
Die Alte sprach: »Nun höret mich!
Ihr habt es just wie ich vernommen,
Daß Schande über uns gekommen.
Denn was auch jener Narr begann –
Es war hier dieser Rittersmann,
Den Ihr zuvor gescholten;
Nun hat er Euch vergolten,
Daß Ihr ihn also hart geschmäht.
Wie's nun einmal auf Erden geht:

Wer sich den Spott nicht kann versagen,
Muß ihn am Ende selbst ertragen.
Doch nun befehlt, das ist mein Rat,
Daß man nach dem, der dies Euch tat,
In aller Eile sende;
Und legt in seine Hände
Euer Leben wie auch Euer Gut,
Und nehmt den Ritter hochgemut
Zu Eurem Herrn und Ehemann;
Auch wendet Lieb und Fleiß daran,
Daß er Euch auch begehre.
So rettet Ihr die Ehre,
Dieweil Ihr jetzt in Schand verstrickt.«

Da wurden Boten ausgeschickt,
Bis man den wackern Ritter fand.
In kurzem waren Stadt und Land
Dem Recken untertänig.
Doch plagte ihn nicht wenig
Der Argwohn, daß der Gattin Tück
Auch fürder trüben könnt sein Glück;
Gedachte er doch jener Nacht,
Was alles man mit ihm gemacht
In ihrer Kemenaten.

Und darum möcht ich raten,
Den holden Frauen insgemein,
Der Zucht stets eingedenk zu sein,
Wie es für sie nur schicklich ist.
Und merket auch zu dieser Frist
Am Beispiel jener Liebeskranken,
Wie ihr Frau Minne tät es danken,
Da sie des Anschlags inneward,
Mit dem die Jungfrau offenbart
Dem Manne ihre Lüsternheit;
Ihr Unmut machte sich so breit,
Daß sie am End nur Haß empfand.

Ihr Männer aber miteinand
Sollt an dem Ritter Arnold sehn,
Wie's um die Tugend bald geschehn,
Wie jener sie so ganz verlor.
Und nicht nur, weil er sich als Tor
Verkleidet. Nein, weil eher schon
Er Anlaß gab zu Spott und Hohn.
Wer immer will sich Ritter heißen,
Der muß der Hofzucht sich befleißen.
Er merke auf die kleinsten Dinge,
Damit auch hier ihm nichts mißlinge.
Das ist mein Wunsch und auch mein Rat.
Es kann die kleinste Missetat
Den Mann ins Joch der Schande zwingen,
Ein edles Fräulein dahin bringen,
Daß Zucht und Anstand sie vergißt.
Konrad von Würzburg, daß ihr's wißt,
Schrieb dies zu Nutz und kurzer Weil.
Gott schenke uns das ewge Heil.

2

Das Häslein

Brächt ich die Zeit mit Possen hin,
Der ich durch Gott befähigt bin,
Das rechte Maß und Ziel zu sehn,
Fürwahr, man sollt mich heftig schmähn:
Will meine Tage besser nutzen,
Auch meinen Neidern mannhaft trutzen,
Indem ich euch ein Märlein reim
Als Zeitvertreib, wenn ihr daheim
Zur Abendstund versammelt seid.
Ja, brächt ich das zuweg gescheit,
Gelänge mir ein solch Gedicht,
Daß ich darum müßt fürchten nicht
Der frechen Neider Spott und Hohn
– Denn das ist wohl der einzge Lohn,
Den sie, die selbst nichts schaffen, spenden –,
Könnt also ich dies Werk vollenden,
Erwürbe ich der Edlen Gunst.
Und wenn Frau Venus meiner Kunst
Geneigt wär, hülf ich allen denen,
Die sich nach wahrer Minne sehnen.

Ein edler Ritter, wohlbekannt
Die Kreuz und Quer im ganzen Land
Durch Güte, Großmut, Tapferkeit,
Der ritt einmal zur Erntezeit
Hinaus auf seinen Acker,
Mit ihm zwei Hunde wacker;
Auch führt' er einen Sperber mit.
Und wie er so des Weges ritt,
Sah er ein junges Häselein.
Er hetzte drauf die Hunde sein
Und sprengte nach in großer Eil.

Der Has sucht' in der Flucht sein Heil
Und schlüpfte hurtig in das Korn.
O weh! da war er schon verlorn!
Dieweil ihn fing ein flinker Schnitter,
Der gab das Tier alsbald dem Ritter.
Und das war recht, da ja der Held
Demselben Häslein nachgestellt.
Da freute sich der Ritter sehr,
Er dachte bei sich: »Nun, das wär
Ein Abenteur nach meinem Sinn.«
Er überlegte her und hin,
Was er nun mit dem Häschen tät.
Da riet ihm denn sein Herze stet,
Er sollt es jener Jungfrau bringen,
Um die er lange schon tät ringen,
Nach der sein minnedurstges Herz
Erglühte in der Sehnsucht Schmerz,
Wie in der Esse glüht das Gold.
Der Ritter war dem Ratschlag hold.
Kann man doch oft ein junges Ding
Durch Sachen, die an Wert gering,
Gar rasch zum Freund gewinnen.
Worauf nicht Kinder sinnen,
Die nach 'nem Apfel sich verzehrn
Und gern ein Königreich entbehrn.
So ritt er hin in gutem Mut
– Er kannte hier die Straßen gut –
Und fuhr dabei von Zeit zu Zeit
Dem jungen Häslein übers Kleid.

Der Weg führt' in ein Dorf hinein;
Da sah der Held ein Mägdelein
In einer Laube an der Straß,
Wie sie so anmutvoll da saß!
Ein Kind, und nicht allein nach Jahren –
Voll Unschuld und noch unerfahren.

Als er vorüberritt bei ihr,
Gewahrte sie das hübsche Tier.
Er grüßte sie nach höfscher Art.
»Ei, Herr!« sprach da die Jungfrau zart,
»Woher kam Euch das Häselein?
Ach, wollte Gott, es wäre mein!
Indes, vielleicht ist es Euch feil?«
Er sprach: »Nun denn, es mag zuteil
Euch bald schon werden, schönes Kind,
Wenn wir erst handelseinig sind.«
»O ja doch, lieber Herre mein,
Zu gern hätt ich das Häselein;
Nun sagt mir schnell, was es Euch wert,
Und hab ich, wonach Ihr begehrt
Und womit ich Euch dienen mag,
Es wär für mich der schönste Tag!«
Er sprach alsbald: »Ich geb's Euch gern
Um Eure Minne.« Zu dem Herrn
Die Jungfrau sprach: »Was ist denn das?
Ihr fordert, Gott, ich weiß nicht was.
Ich bitt Euch, nehmt zum Tausche an,
Womit allein ich dienen kann.
So hört! ich hab in meinem Schrein
Wohl drei Pfund goldne Ringelein,
Dazu der Bickelsteine zehn
Und einen Gürtel wunderschön,
Mit Gold durchwirkt und nicht zuletzt
Mit vielen Perlen dicht besetzt:
Die einen rot, die andern weiß,
Die Mutter hat mit großem Fleiß
Daran gesessen manche Stund.
Das nehmt von mir, Herr Ritter, und
Gebt mir das Häselein alsdann.
Nichts andres ich Euch bieten kann.«
Der Ritter sprach: »Das kann nicht sein!
Will weder Gold noch Edelstein,

Worauf allein ich sinne,
Ist einzig Eure Minne.«
»Die hab ich nicht.« – »O doch, mein Kind!
Laßt sehn, ob ich sie bei Euch find!«
»So nehmt sie hin, was säumt Ihr noch,
Möcht ich den jungen Hasen doch;
Ja, nehmt geschwind die Minne hin!«
Er sprach: »Ist jemand hier herin,
Der uns vielleicht belauschen möcht?
Dann stünd es um die Suche schlecht,
Ihr müßt mit mir alleine sein.«
Da sprach zu ihm die Jungfrau rein,
Das sanfte Täubchen unbefangen:
»Die Mutter ist zur Kirch gegangen
Und mit ihr das Gesinde.«
Er sprang vom Roß geschwinde,
Den Sperber ließ er von der Hand,
Das Pferd an einen Baum er band
Und trat dann in die Laube ein.
Er gab das junge Häselein
Der Maid, die sich dort hingesetzt
Und der, was man an Frauen schätzt,
Der Herrgott reichlich mitgegeben.
Sie zeugte – glaubt's, bei meinem Leben –
Von seiner großen Meisterschaft.
Ihr Wuchs, der war untadelhaft
Und rosenfarben ihr Gesicht,
Auch mangelt' es derselben nicht
An Anstand und Bescheidenheit:
Ohn allen Makel war die Maid.
Glaubt mir, sie war so schmuck und schön,
Gott selber hätte gern gesehn
Die Jungfrau hold und engelgleich
In seinem hohen Himmelreich.

Als sie das Häslein nun empfangen,
Da sprach sie: »Herr, da mein Verlangen
Nunmehr gestillt ist, nehmt auch Ihr,
Was immer Ihr begehrt von mir.«
Der Ritter pries sein holdes Glück,
Er hielt sich länger nicht zurück,
Umschlang das zarte Mädchen und
Küßt' ihren rosenroten Mund.
Wie schlug er sich in diesem Streit!
Wie nutzt' er die Gelegenheit!
Kaum erntet einer größern Ruhm.
Er lüftete vom Heiligtum
Den Schleier und bezwang die Wehr,
Die ihrerseits manch Kriegesheer,
Ja, Könige selbst niederzwingt.
Wer um die holde Minne ringt
– Was immer er im Leben ist –,
Verbindet Minne er mit List,
Besiegt er leicht die ganze Welt;
Man sieht's an diesem wackern Held.
Denn der genoß den süßen Leib,
Bis daß die Jungfrau ward ein Weib.
Das dünkt – bei allen Heilgen! – mich
Über die Maßen wunderlich.
Und da die minniglich Gekürte
Die Sommerzeit im Blute spürte
Sprach sie: »Sucht weiter unverzagt,
Solang es immer Euch behagt,
Bis Ihr sie habt, die Minne mein;
Denkt nur an Euer Häselein!«
Da suchte er ein zweites Mal,
Der Jungfrau war das keine Qual.
Danach schien's ihm zum Abschied Zeit;
Indessen drückte ihn die Maid
Mit heimlichem Gelüste
Gar liebreich an die Brüste

Und bat ihn zärtlich, daß er doch
Bei ihr ein Weilchen bliebe noch;
Sie müsse ihn der Sünde zeihn,
Ließ er die Minnesuche sein:
Ein einzges Mal noch, ihr zuliebe.
Indes, er dachte, wenn er bliebe,
Würd's noch am End ein Unheil geben;
Wollt dieserhalb von dannen streben.
Die holde Jungfrau aber sprach:
»Wo eilt Ihr hin? Gemach, gemach!
Warum laßt Ihr die Minne hier?
Ich merke nur zu gut, daß Ihr
Sie gar nicht mitgenommen.
Wollt Ihr nicht wiederkommen,
So ist mir Euer Schade leid.«
Da ritt er lachend von der Maid.

Die Messe war inzwischen aus,
Bald kam das Mütterlein nach Haus;
Die Tochter lief, als sie sie sah,
Ihr rasch entgegen und sprach: »Da,
Seht, liebe Mutter, seht doch mein
Herzallerliebstes Häselein!«
Die Mutter sprach: »Nun sage mir,
Wer gab das hübsche Tierlein dir?«
Sie sagte, wie sie es gekauft.
Da ward ihr goldnes Haar zerrauft,
Die Mutter tät ihr an die Wangen
Mit ihren spitzen Fingern langen
Und kneipte sie und schalt ohn Ende.
Die Maid indessen sprang behende
Davon (wie einst der Has ins Korn)
Und floh also der Alten Zorn.
Ihr Unglück kümmerte sie sehr:
Doch schmerzten sie die Schläge mehr
Als der erlittene Verlust,

Kein Trauern kam in ihre Brust
Nach der verlornen Minne.
Trug anderes im Sinne –
Man sah sie täglich drauß im Garten
Bei obgenannter Laube warten,
Ob nicht der Ritter wiederkomme;
Es dachte wohl die gute Fromme,
Daß sie, wenn er wie vormals tät,
Auch flugs die Minne wieder hätt,
Als sei der Handel nicht geschehn;
Gewiß, gewiß, so mußt es gehn.

Am dritten Tag (so sagt die Mär)
Kam wieder er des Wegs daher.
Kaum sah die Maid den Rittersmann,
Hub lauthals sie zu schreien an,
Wie wenn sie nicht bei Sinnen wär:
»Ach, meine Minne, hoher Herr!
Sollt Ihr sogleich mir wiedergeben;
Ich führ ein martervolles Leben,
Die Mutter richtet mir aufs beste
Ein jämmerliches Hochzeitsfeste.
Sie hat mein schönes Haar zerrauft,
Fürwahr, ich hab nicht gut gekauft!
Gebt mir zurück die Minne mein
Und nehmt nur Euer Häselein,
Als wär der Handel nicht geschehn.
Ach, teuer kommt es mich zu stehn,
Daß ich die Minne hab verlorn.«
Da sprach der Ritter wohlgeborn:
»Ich gebe gern, sollt es Euch frommen,
Die Minne, die ich mitgenommen,
Euch wieder, wärn wir nur allein.«
Da lief zu ihm das Mägdelein
Und brachte auch den Hasen mit.
Sie sprach: »Wohledler Herr, ich bitt,

Da wieder ich alleine bin,
So nehmt nur Euern Hasen hin,
Und gebt die Minne mir zurück.«
Der Ritter pries sein neues Glück,
Erfüllte gern, um was sie bat;
Und da er es recht gerne tat,
Bedurfte es nicht langer Bitte.
Es herrscht wohl heute noch die Sitte:
Um das, worauf der Mann erpicht,
Bedarf es langer Bitten nicht.
So ward das Weib zum Jungfräulein –
Mag etwas wunderlicher sein?
Ich mein: Die Gute glaubte gar,
Sie sei nun, was sie vordem war,
Zur Jungfrau wieder worden
Im jungfräulichen Orden.
Wer aber zweifelt wohl daran,
Daß sich der wackre Rittersmann
Bei ihrer Minne wohlbefand?
Ist's doch ein Zeichen von Verstand,
Wenn man auch dessen sich befleißt,
Das höher als die Minn man preist;
Das lehrt euch die Geschichte hier.
Drum gab als echter Kavalier
Er das Verwirkte ihr zurück.
Indessen warf sie manchen Blick
Auf das geliebte Häselein.
Da glänzte auf in hellem Schein
Des wackern Recken edler Sinn:
Gab ihr das Tier als Zugewinn.
Ach, wer beschreibt des Mädchens Glück!
Hatt Has und Minne nun zurück
Und dachte obendrein noch: »Traun,
Den hab ich übers Ohr gehaun!«

Kaum daß der Ritter wohlbedacht
Sich hoch zu Roß davongemacht,
Da kam auch schon ihr Mütterlein.
Laut hörte man das Mädchen schrein:
»Nun mag ich doch wohl noch genesen,
Der Rittersmann ist hiergewesen,
Er gab die Minne mir zurück
Und ließ mir – welch ein großes Glück! –
Als Zugewinn das Häselein.«
Sie sprach: »O weh, der Seele dein!
O weh solchem Gewinne!«
Sie hielt nicht länger inne,
Zerraufte wiedrum ihr das Haar
Und sprach: »Nun weiß ich denn, so wahr
Ich deine alte Mutter bin,
Daß deine Jungfernschaft dahin;
Des muß ich immer traurig sein.
Ein dreifach Weh der Ehre dein!
Ach hätt ich besser achtgegeben,
Müßt ich nicht dieses Leid erleben,
In dem mein Herz begraben ist,
Solang ich noch das Leben frist.« –
»Nun sei nur still, 's ist mal geschehn,
Man soll des Besten sich versehn«,
Erwiderte die junge Maid. –
»Ohn Unterlaß währt dies mein Leid
Und mahnet an mein Ende mich!« –
»Nun, liebe Mutter, fasse dich!
Ich tat's und will's auch gerne tragen,
Drum laß dein Jammern und dein Klagen.«
Die Rede schuf der Alten Trost,
Sie sprach, nicht länger mehr erbost:
»Möcht ich dein Glück doch noch erleben,
Der Himmel mag dir Freuden geben.
Wohlan, setz auf den Jungfernkranz,
Noch strahlst du in der Unschuld Glanz;

Schweig still und laß dich fröhlich sehn,
Dir kann ein Wunder noch geschehn.«

Drauf ging ein gutes Jahr ins Land;
Da reicht' der Rittersmann die Hand
Zum Bunde einer Jungfrau hold,
Die nun sein Ehweib werden sollt.
Sie war sehr schön und dazu klug,
Aus gutem Haus, auch reich genug,
Trug einen Blumenkranz im Haar
Zum Zeichen, daß sie Jungfrau war;
Das Kränzlein steht den Jungfraun an.
Der ehrenfeste Rittersmann
Erwartete nur Gutes,
Des war er hohen Mutes
Und dacht an keinen Schaden.
Ließ Herrn und Frauen laden,
Bekannte und Verwandte
Ringsum im ganzen Lande
Zu seinem hohen Ehrentag.
Nun merket auf, was ich euch sag:
Was da geschehn soll, das geschieht;
Es ist das ewig gleiche Lied.
Das lehret auch die Märe mein:
Es ging, wie's nun mal sollte sein.
Der junge Ritter wohlgetan
Dacht an das Häslein und auch an
Das muntre, anmutige Ding,
Und wie's ihm bei dem Tausch erging.
(Der Aventüre dacht er gern.)
Das edle Herze riet dem Herrn,
Sie müßten bei der Hochzeit sein:
Die Jungfrau und ihr Häselein;
Hätt sie gelassen nicht zu Haus.
So ritt er denn geschwinde aus,
Dorthin, wo jener Tausch geschah.

Das Mägdlein schon von weitem sah
Den Freund, den sie im Herzen trug.
Sie sprach: »Ach, liebe Mutter, lug,
Der ist's, der mir die Minne nahm.«
Die Mutter Schrecken überkam:
»Ach, Kind, was mahnst du mich daran!«
Da ritt herzu der Rittersmann
Und bat die gute Alte sehr,
Daß sie – es sei ihm eine Ehr –
Zu seinem Feste käme
Und daß sie mit sich nähme
Die Jungfrau und ihr Häselein.
Sie dacht: »Oh, muß auch das noch sein?
Soll ich zu dessen Hochzeit kommen,
Der meine Tochter sich genommen
Zum Kebsweib? Traun, seh ich ihn an,
Hab ich geringe Freude dran!
Wo es am End nur billig ist,
Daß er das Fest zu dieser Frist
Sollt halten mit der Tochter mein.
Doch fürcht ich Schlimmes, sag ich nein.
Am End erzählt er die Geschicht.«
Wollt ihm die Bitt verweigern nicht.
Sie sprach: »Recht gerne, hoher Herr!
Der Antrag macht uns große Ehr;
Wir werden beide zu Euch kommen.«
Das tät dem wackern Ritter frommen.
Er sprach zu ihr: »Habt tausend Dank,
Ich denk dran all mein Leben lang!«
Und ritt nach Haus von Herzen froh.

Wie ich vernehm, geschah's nun so,
Daß er an seinem Hochzeitstag
(Wie's auch noch heut geschehen mag)
In zartem Kosen saß verlorn
Bei der, die er zum Weib erkorn.

39

Da ritt zum Tor herein das Kind,
Bescheiden, wie wohl Kinder sind,
Von dem zuvor die Rede war.
Das Schauspiel war recht sonderbar,
Da sie denn nicht alleine ritt:
Sie brachte auch den Hasen mit.
Der Wirt, dem nur zu gut bekannt,
Wie's zwischen ihnen beiden stand,
Wie er den Hasen einst gekauft
Und wie man ihr das Haar zerrauft,
Der gute Wirt, der lachte,
Als er des Handels dachte;
Er lachte ohne Unterlaß
So lange und so kräftig, daß
Er kaum mocht wieder zu sich kommen.
Da hätt nun mancher gern vernommen,
Warum er also laut gelacht.
Er aber war darauf bedacht,
Sein Abenteuer zu verhehlen,
Wollt es gar niemandem erzählen.
Nun aber setzt' das Jungfräulein,
Das der Herr Ritter wollte frein,
Dem wackern Recken heftig zu,
Ließ ihm mit Fragen keine Ruh,
Wollt wissen, warum er so lache.
Doch er wollt nun einmal die Sache
Für sich behalten und er sprach:
»Ich bitt, laßt mir die Antwort nach!«
Das reizte sie nur stärker noch;
Sie drang in ihn, daß er ihr doch
Ohn Zögern gleich zu wissen tät,
Was also ihn erfreuet hätt.
Er wehrte ab: »Ich sag es nicht!«
Sie sprach: »Erzählt mir die Geschicht!
Tut Ihr es nicht – beim heilgen Gott! –
So fürchtet meinen Hohn und Spott,

Nicht heut allein, nein allezeit!«
Ihr Hadern brachte ihn so weit,
Daß er der Jungfrau Neugier stillte,
Indem er ihren Wunsch erfüllte
Und damit endlich ihr gewährte,
Wonach sie also heiß begehrte:
Erzählte von der Hasenfahrt,
Wie er im Korn gefangen ward,
Wie er ihn später dann verkauft,
Wie man der Maid das Haar zerrauft,
Als sie die Minne hatt verlorn,
Und wie das Spiel begann von vorn,
Als er die Minn ihr wiedergab.
Das Fräulein sprach: »Beim heilgen Grab,
Dergleichen Torheit wundert mich!
Weiß Gott, wär sie so klug wie ich,
Sie hätte nichts verlauten lassen.
Wer mag so große Dummheit fassen?
Hab ich's mit unserem Kaplan
Nicht mehr als hundertmal getan?
Und doch schüf's heut noch Kummer mir,
Wenn meine Mutter es erführ.
Ja, ja, das töricht Mägdelein,
Was ließ es nicht das Schwätzen sein!«

Da dies der Rittersmann vernahm,
Ein Schreck sein Herze überkam;
Die Farbe wechselte so schnell,
Ich möchte sagen: auf der Stell.
Jetzt war er bleich, gleich wieder rot,
Grad wie es ihm der Schreck gebot.
Doch als er endlich sich besann,
Da dachte er sogleich daran,
Was vorderhand zu tun wohl wär.
»Stehn so die Sachen«, dachte er,
»So wird mein Hochzeitsfest vollbracht

41

Ganz anders, als ich es gedacht.«
Sprang auf vom Sitz, noch zornesbleich,
Und gab Befehl, daß alsogleich
Nach jenem Mägdlein würd geschickt,
Das mit dem Hasen er beglückt;
Die er zuvor mit Spott empfangen,
Sollt nun an seiner Seite prangen.
Es meinten aber seine Gäste,
Die da erschienen warn zum Feste,
Die Braut könnt einzig und allein
Das anverlobte Fräulein sein.
Indes, die Guten irrten sehr.

Der Wirt bat ringsum um Gehör,
Um den Versammelten zu sagen,
Was sich im einzeln zugetragen:
Wie es zu jenem Kaufakt kam
Und wie er ihr die Minne nahm,
Auch wie er sie ihr wiederbrachte,
Und da er dies erzählt, gedachte
Er dessen, was die Braut getan
Mit ihrem sauberen Kaplan,
Als er nun mit der Red am End,
Bat er die Freundesschar behend,
Sie möchten ihm die Liebe tun
Und eher rasten nicht noch ruhn,
Bis daß sie übereingekommen,
Welche der zwei ihm mehr würd frommen;
An ihm sollt es gewiß nicht fehlen,
Wollt sich sogleich mit ihr vermählen.
Da rieten sie zur Stunde
Gleich wie aus einem Munde,
Daß er das junge Mägdelein,
Die mit dem Hasen, möge frein,
Daß er zum Weib sie nehmen solle
Und dabei auch bedenken wolle,

Was recht und billig wär.
Er wartete nicht mehr
Und nahm sie aus des Pfaffen Hand.
Die andere ward heimgesandt
Zu ihrem Kapelane.

Noch bin ich in dem Wahne
Und kann ihn nur bestätigt sehn:
Das, was geschehn soll, muß geschehn,
Wie es denn auch mit diesen zwein
Geschah zu aller Augenschein.

3

Die Nachtigall

Was immer ein erfahrner Mann
An Aventürn erzählen kann
Und andern spaßhaften Geschichten,
Das soll er nur getrost berichten.
Denn wenn's dem einen nicht behagt,
So ist noch lange nicht gesagt,
Daß es dem andern auch mißfällt;
Das ist nun mal der Lauf der Welt.
Drum mag auch ich nicht stille sein,
Vernehmt also die Märe mein.

Man sagt, daß einst ein Rittersmann,
Ein kühner Recke wohlgetan,
In einem festen Haus gewohnt,
Das hoch auf einem Berg gethront.
Litt keinen Mangel, keine Not,
Der Reichtum stand ihm zu Gebot,
Doch fand er vor den Gütern allen
An seinem Töchterlein Gefallen.
Sie war des Ritters einzig Kind,
Wie ich von ihr berichtet find,
Und war über die Maßen schön;
Fürwahr, nichts Schönres konnt man sehn
An Weibern und Jungfrauen
Hier und in anderen Gauen.

Es saß nun in der Nachbarschaft
Ein Ritter, stolz und ehrenhaft,
Auch er mit Reichtum wohl versehn,
Es konnt ihm schwerlich besser gehn.
Er hatte einen Sohn, der zwar
Gleichfalls sein einzger Sprößling war,

Doch war er hübsch und tugendsam;
Den zog er auf. Indessen kam
Die Zeit, da denn des Jünglings Sinn
Sich neigt zu holden Frauen hin.
Er war gesittet, höfisch, klug,
War schön (ich sagt es schon) genug!
Der Jüngling – wie das Maidlein – war
Nicht älter wohl als zwanzig Jahr.
So warb er denn mit aller Kunst
Beharrlich um der Jungfrau Gunst –
Wie sich denn wohl so mancher plagt
Nach dem, was ihm recht wohlbehagt.
Auch war sie ihm nicht minder hold
Und hätte Silber nicht noch Gold
Noch andre Schätze angenommen,
Hätt sie zu *ihm* nur dürfen kommen.
Indessen war die Jungfrau zart
Im Vaterhaus so wohlverwahrt,
Daß niemand zu ihr kommen kunnt,
Nicht tags, nicht nachts, zu keiner Stund,
Weder heraus noch auch hinein.
Das schuf den beiden große Pein.

Nun lag beim Haus ein schöner Garten
(Der Ritter tät ihn fleißig warten),
Der war umgeben – wie man spricht –
Von einer Hecke hoch und dicht.
Der Rasen war gar frisch und grün,
Drauf sah man viele Blumen blühn,
Und drüber wölbt' sich tausendfach
Der Bäume reiches Blätterdach.
Auch schätzte unser Ritter sehr
Manch Kraut und andre Pflanzen mehr,
Die zog er auf mit klugem Sinn.
Fürwahr, die Luft im Garten drin
War süßer – glaubet meinem Wort! –

Als irgend sonst an einem Ort.
Man trat in diesen Garten ein
Durch eine Türe schmal und klein.
Auch hatt der Ritter nah dem Zaun
Sich eine Laube lassen baun,
Damit er bei der Sommerhitze
Bequem im kühlen Schatten sitze.
Es meinte der wohledle Recke,
Daß es ihm draußen besser schmecke.

Die Jungfrau ließ (wie ich vernommen)
Nun einen Boten zu sich kommen
Und schickte diesen kurzerhand
Dorthin, wo man den Junker fand.
Sie machte dem Geliebten kund,
Daß er zu mitternächtger Stund
Sich rüsten solle zum Gefecht
Und heimlich zu ihr kommen möcht;
Sie werde drauß im Garten
Auf seine Ankunft warten.
Versprach ihm auch bei ihrer Ehre,
Daß, so es ihr nur möglich wäre,
Sie seine Sehnsucht wolle stillen.
Der Bursch tat gerne ihren Willen,
Da er so frohe Mär vernahm,
Die ihm von seinem Liebchen kam;
Sein Herze war nicht länger krank,
Er sagte ihr viel tausend Dank,
Von der ihm Liebes sollt geschehn
Und die er noch zur Nacht sollt sehn.

Sobald die Jungfrau dieses hörte,
Sie sich zu ihrem Bette kehrte,
Legt' nieder sich mit lautem Klagen;
Ihr Jammern war kaum zu ertragen.
Die Mutter drum, als sie's vernahm,

Geschwind zu ihrer Tochter kam
Und sprach: »Mein liebes Töchterlein,
Was mag dir wohl geschehen sein?
Wo drückt dich denn das Ungemach?«
Die Tochter zu der Mutter sprach:
»Am Kopf. Was es auch immer ist,
Es schwächt mich sehr zu dieser Frist.«
Sobald der Vater dies vernahm,
Er gleichfalls zu den Frauen kam
Und wandt sich zu der Tochter sein:
»Wo leidest du die größte Pein?«
»Ums Herz herum und allenthalben.«
Er sprach: »Mit einer guten Salben
Soll man dich alsogleich bestreichen,
So wird geschwinde von dir weichen
Dein Leid und all dein Ungemach.«
Die Maid jedoch zum Vater sprach:
»Ich hab mir etwas ausgedacht,
Das meiner Pein ein Ende macht;
Ich bin gewiß, es wird mir frommen.
Kann etwas mir zustatten kommen,
So wird's am ehsten dieses sein.«
Er sprach: »So red, mein Töchterlein!
Wir werden alles für dich tun!«
»Nun, in der Laube möcht ich ruhn«,
Sprach sie, »die drauß im Garten steht;
Denn von dem Lüftchen, das dort geht,
Und von dem Ruch der Kräuter gut
Wird sicher leichter mir zumut.
Auch möcht ich dort im Garten
Ein wenig darauf warten,
Ob mir ein Vöglein nahe käme,
Das ich dann flugs gefangennähme.
Das würde alle Qualen enden.«
»Mög Gott dir solch ein Vöglein senden«,
So sprach die Mutter und gab acht,

Daß frisches Bettzeug ward gebracht,
Und hieß es tragen in den Garten,
Man wollt damit nicht länger warten.
Man trug noch Speis und Trank herzu
Und legte allseits sich zur Ruh.
Dem Hausgesinde schärft' man ein,
Auf alle Fälle still zu sein,
Damit man nicht das Kind erschrecke
Oder aus seinem Schlaf erwecke.
Eh daß es Nacht wurd ganz und gar,
Die Mutter nochmals nach ihr sah
Und sprach, ob sie noch etwas möchte.
Sie sagte: »Mutter, wenn man brächte
Vielleicht ein Glas mit gutem Wein,
Das könnt von eingem Nutzen sein;
Sollt meine Pein ein Ende haben,
Würd ich mich gern daran erlaben.«
Man brachte noch den Wein herfür,
Die Mutter schloß die Gartentür
Und ließ die Tochter drauß allein
Ihr konnte nirgend besser sein.

Sobald der helle Tag verblich,
Der Junker heimlich zu ihr schlich.
Mit großer Kunst bezwang der Recke
Die obgenannte Gartenhecke,
Da er zu seinem Nutz und Frommen
'ne kräftige Lanze mitgenommen.
Stieg dran empor und sprang gewandt
Ins Gärtlein, wo er warten fand
Die Maid, die lieblich ihn empfing
Und flugs mit ihm ins Bette ging.
Dort trieben sie das Minnespiel,
Es war den beiden nicht zu viel;
Sie hörten nicht der Vögel Sang,
Die Nacht war ihnen nicht zu lang,

Und als der neue Tag gesiegt,
Da lagen aneinand geschmiegt
Die Liebesleute ungezwungen,
Mit weißen Armen fest umschlungen.
Die Jungfrau sprach: »In all den Jahren
Ist mir nichts Schönres widerfahren,
Geliebter, als heut nacht von dir,
Der du gestillt mein Sehnen mir.«
Drauf schliefen sie mitsammen ein,
Schon strahlte hell der Sonnenschein.

Die Mutter hielt's nicht mehr im Haus,
Sie brach in laute Klagen aus:
»Es war nicht recht, ich muß's gestehn,
Daß ich nicht nach dem Kind gesehn;
Ob Gott uns wohl so gnädig ist,
Daß sie noch lebt zu dieser Frist?«
Der Ritter sprach: »So bleibt nur hier,
Ich selber geh hinaus zu ihr.«
Er legte seine Kleider an,
Ging hin und wandte sich alsdann
Zu einem kleinen Fensterlein,
Wollt sehen nach der Tochter sein,
Ob sie nach all ihrer Beschwer
Endlich zur Ruh gekommen wär.
Da sah der gute Alte nun
Den Knappen bei der Tochter ruhn,
Die beiden pflogen süßer Ruh;
Er stand verdutzt und schaute zu.
Im Schlafe war dem Liebespaar
Herabgeglitten ganz und gar
Das Deckbett wie auch das Gewand;
Sie hielt den Seinen in der Hand,
Der ragte, strotzend voller Kraft,
Empor gleich wie ein Lanzenschaft.
In hellem Feuer stand er da.

Als das der wackre Ritter sah,
Ließ schlafen er das junge Glück;
Er ging zu seinem Bett zurück
Und sprach: »Ei, nun denn, Fraue traut,
So stehet auf geschwind und schaut,
Wie's Eurer Tochter wohlergangen,
Sie hat das Vögelein gefangen,
Von dem Ihr sie jüngst hörtet sagen,
Sie hat es fest gepackt am Kragen.«
Sie sprach zu ihm: »Was soll der Spott!«
»Mitnichten, Frau, 's ist wahr, bei Gott!
Daß Ihr nicht meinen Worten glaubt!
Es leuchtet also ihm das Haupt,
Daß es nicht schöner könnte sein.«
»O weh, das arme Vögelein!«
Sprach sie, »nun denn, ich werde gehn
Und selber nach der Wahrheit sehn.«
Hin zu dem Fenster ging sie da,
Wo sie die beiden liegen sah,
Im Schlafe sanft verbunden
Nach heimlich-süßen Stunden.
Kaum hatte sie das Bild geschaut,
Da hub sie an zu klagen laut:
»Daß meine Mutter je mich trug!«
Die Hände sie zusammenschlug.

Den Jüngling weckte dieses Schrein.
Er sah den hellen Sonnenschein
Und rief bestürzt: »Weh, wehe!
Wir haben, wie ich sehe,
Zu lange hier im Bett gelegen!«
Der Ritter kam ihnen entgegen
Und sprach zu seinem Töchterlein:
»Nun, ist der Vogel worden dein?
Bist Du genesen? Das ist recht!
Indes ich nicht verschweigen möcht,

50

Daß uns dein Fang betrüblich stimmt.
Nun denn, wer was gefangennimmt,
Der sehe zu mit wachem Sinn,
Daß ihm der Vogel nicht entrinn.«
Der Jüngling flehte: »Gnade, Herr!
Oh, daß ich nicht geboren wär!«
Der Ritter sprach: »Euch g'schieht kein Leid,
Sofern Ihr meine Tochter freit.
Wart Ihr heut nacht mit ihr vereint,
So zeiget, daß Ihr's ernsthaft meint.«
Er sprach: »Das ist auch meine Wahl.«
Also ward er ihr Ehgemahl.
Die Väter gaben ihnen Gut,
Sie mehrten es mit frischem Mut,
Auch strebten sie nach Ruhm und Ehre.
Hier schließt die Nachtigallen-Märe.

4

Ein junger Gesell erwarb eines Königs Tochter

Vor Zeiten lebte ein gewaltiger König, dessen Name mir unbekannt ist; derselbige hatte von seinem Weib eine einzige Tochter, eine über die Maßen schöne Jungfrau, also daß sie von jedermann für die schönste auf der ganzen Welt gehalten ward. Weswegen sie auch der Vater keinem Mann, wie mächtig er auch war, verheiraten wollte, sondern wollt sie stets vor seinen Augen als einen Spiegel behalten; und wär ihm nicht wohl gewesen, wenn er sie nicht bei sich gehabt.

Nun begab es sich, daß der jungen Königin ein Wärzlein am Leibe wuchs. Darüber ward sie so unmäßig traurig, daß sie sich zu Bett legte, von Tag zu Tag abnahm und sich so übel befand, daß man meinte, sie müsse sterben. Der König, als er seine Tochter also betrübt sah, wär auch schier vor Leid gestorben, tät sie fragen, welches ihr Gebrechen oder ob man ihr irgendeinen Verdruß bereitet hätte, sie sollt ihm's sagen, oder ob sie einen Mann begehre, so wollt er ihr einen geben; nur sollt sie aufstehen und frohen Mutes sein. Die Jungfrau wollt es aber nun einmal nicht sagen; denn sie vermeinte, daß es ein bös Ding wär, wenn sie es sagte; fürchtete, es möcht ihr vielleicht Spott und Schande daraus entstehen; bat den Vater, ruhig zu sein.

Wie nun der König sah, daß keine Besserung mit der Jungfrau eintrat, sondern sie von Tag zu Tag, je länger, je mehr, abnahm, ließ er ein Gebot ausgehn: Welcher ihm seine Tochter lachen machte, dem wollt er sie zur Ehe geben. Da ward mancher gefunden, der der schönen Jungfrau wegen mit seltsamen Instrumenten zu Hofe kam. Und ließ sich ein jeglicher, so gut er's immer konnte, vernehmen, meinte, er sollt die Jungfrau bekommen; indes, es war alles vergebens. Schließlich aber kam ein schöner Jüngling, welcher sich in Jungfrauengewänder gekleidet hatte und alle Weiberarbeit, wie Spinnen, Nähen, mit Seide Sticken sowie dies und jenes mehr, wohl verstand; war auch mit Harfenschlagen, Geigen, Pfeifen, Singen und allen Instrumenten gar wohl vertraut. Der begab sich zu der Jungfrau und schlug die Harfe vor ihr, was ihr über die Maßen gefiel; bat ihn drum, bei ihr im Frauenzimmer zu bleiben; denn jedermann meinte, daß er eine schöne Jungfrau wär. Des war der Jüngling wohlgemut, dacht, seine Sach sollt ihm schon gelingen.

Nun dauerte es nicht lang, da gefiel der Königin des Jünglings Wesen so sehr, daß er bei ihr in der Kammer liegen mußt; und wenn die Königin nicht schlafen konnt, so schlug er ihr die Harfe, zuweilen auch die Laute, bis daß sie einschlief. Indes, die Königin wollt nicht lachen, weiß Gott, was er mit ihr machte. Einmal aber, als er neben ihr lag, fing er an zu reden und sie zu fragen, woran es ihr doch gebreche, daß sie für und für so traurig wär.

»Ach«, sprach die Königin, »ich hab's keinem Menschen nicht sagen wollen, ja, auch meinem eignen Vater nicht. Aber dieweil Ihr, liebe Gespielin, mich fraget, so will ich es Euch sagen.

Also wisset, daß mir vor etlichen Wochen ein Wärzlein an der Seite gewachsen ist und ich nun fürchte, es könnt mir vielleicht Schaden bringen; ich könnt mir aber auch denken, daß Gott es gleichsam als Strafe geschickt hat: denn mein Vater hat mich keinem Mann verheiraten wollen, wie mächtig er auch gewesen, sondern hat mich allerwegen wie einen Spiegel vor Augen behalten wollen. Weshalb ich wohl weiß, daß solches mir von Gott zugesandt ist. Und wenn man mich auch jetzund gern verheiraten tät, so will ich doch keinen haben; denn ich weiß wohl: so einer solches an mir sähe, würd ich von ihm verachtet und für unwert gehalten.« Sprach's und hub kläglich an zu weinen.

Der junge Gesell, der sich für eine Jungfrau ausgab, tröstete die Königin, so gut er's vermochte: sie solle guter Dinge sein; bat sie auch, sie wolle ihn doch das Wärzlein angreifen lassen. Die Königin nahm der Jungfrau Hand und wies ihm das Wärzlein. Des mußt der junge Gesell heimlich lachen, daß sich die Königin über solch ein kleines Ding also untröstlich zeigte; da schien's ihm an der Zeit, daß er sich der Jungfrau offenbare und zu erkennen gäbe. Tät sie indes vorerst weiter trösten und sprach: Das müsse ein unverständiger Mann sein, der ihr solches verweisen wolle oder sie deswegen geringer achten würd; auch tät es ihr mitnichten schaden; und wär manch eine, die der Wärzlein viele hätte, wie sie denn auch selbst eines habe. Nahm damit der Königin Hand und setzte sie auf sein Wärzlein, welches solchermaßen lang und stark ward.

Darüber begann die Königin zu lachen; denn sie sah wohl, daß er ein Mannsbild sei. Verwunderte sich sehr, daß er sich so lange Zeit an ihrem Hof und bei ihr im Bette wie eine Jungfrau gehalten; und sie begann so laut zu lachen, daß es viele der Jungfrauen wohl hörten. Des war der junge Gesell wohlgemut, sprang aus dem Bett, lief zum König und zeigte ihm solches an. Der König, der sein Gelübde nicht brechen mocht, gab dem Jüngling die Tochter. Die Jungfrau war es wohlzufrieden, und lebten beide miteinander lange Zeit in großen Freuden.

Von guten Medicis, Heilkünstlern und Quacksalbern

Das andre Kapitel

5

Von einem Barbier

War mal bei 'nem Barbier im Haus
Und schaute grad zum Fenster 'naus;
Da kam ein schönes Weib daher,
Dacht wohl, daß ich der Meister wär.
Sie gab ihr schneeweiß Händchen mir
Und sprach: »Seid Ihr der Meister hier?«
Ich sagte: »Ja«, doch glaube ich,
Sie hielt nicht für den Meister mich;
Dacht wohl am End, ich sei ein Narr,
Dieweil ich untern Augen war
Gerad so glatt als wie ein Aal.
Sie fragte mich drum abermal,
Ob ich der, den sie suchte, wär.
»Ich laß zur Ader und ich scher«,
So sprach ich, »und versteh recht wohl,
Was ein Barbier verstehen soll!«
Da nun die holde Frau vernahm
Die trefflich Rede, die da kam
Gar wohlgesetzt aus meinem Mund,
Meint' sie wohl, daß mir alles kund,
Und sprach: »Wohlan, so ratet mir!
Bin allbereits verzweifelt schier,
Weil ich an einer Krankheit leid,
Die mich bekümmert allezeit:
Ich find zu keiner Stunde Ruh,
Mein Herz ruft: ›Wehe!‹ und dazu
Wälz ich im Bett mich hin und her,
Als ob ich nicht bei Sinnen wär;
Und weiß bei alle diesem nicht,
Woran es wirklich mir gebricht.
Wollt Euch genug des Geldes geben,
So Ihr mein Übel könnt beheben.

's sind nicht die Augen, nicht der Mund,
Und schmerzt mich doch zu aller Stund
Grad zwischen Knie und Nabel, mein ich,
Ach, Meister, ich bin gar nicht kleinlich,
Sofern es Euch nur wollt gelingen,
Genanntes Übel zu bezwingen.«

Als ich nun diese Red vernommen,
Dacht ich: »Der muß man artig kommen!«
Ich faßte ihre weiße Hand;
Ei; wie ich nur zu bald empfand,
Was jenem hübschen Weibe fehlte,
Weshalb ich ihr's auch nicht verhehlte.
Ich sprach: »Nun, daß Ihr nicht gesund,
Hat einzig darin einen Grund,
Daß Ihr den Geist auf Fremdes lenkt,
Verbotne Heimlichkeiten denkt.
So denkt Ihr, mein ich, viel zu viel
An Zärtlichkeit und Minnespiel.
Laßt helfen Euch, solang es Zeit,
Kommt sonst am End in großes Leid.«
»So ratet mir, auf daß ich's tu!
Mir sagt so leicht kein Meister zu,
Doch Ihr wißt Rat für jedes Ding.«
Gar lieblich mich die Frau umfing,
Wie drückt' sie mich an ihre Brust!
Spürt nie bei Kranken solche Lust
Wie hier bei dieser siechen Fraun.
Wohlan, ihr sollt ein Wunder schaun,
Wie ich ihr bald zu Hilfe kam.
Und meine Arzenei sie nahm.
Ich sprach: »Könnt ich heut bei Euch sein,
So macht ich Euch ein Pflästerlein,
Das wollt ich auf den Leib Euch legen,
Ihr müßt dazu Euch kräftig regen!«
Sie sprach: »Ei Meister, ja, das tut!

Ich geb Euch gerne Geld und Gut;
Müßt, was Euch zusteht, nur verlangen,
Ihr werdet Euren Lohn empfangen.«
Mit solchem schied die Frau von mir,
Ich sprach, ich käm gewiß zu ihr.

Und als ich abends wiederkam,
Sie mich alsbald beim Arme nahm
Und hin zu ihrem Bette brachte.
Wie mir das Herz im Leibe lachte!
Sie legte sich nun kurzerhand
Zu mir und machte mich bekannt
Mit dem, woran sie leiden tät;
Wir rauften eine Weil im Bett.
Sie fragte, wo das Pflaster sei,
Ob ich es wirklich hätt dabei.
Ich sprach: »Es wird Euch trefflich frommen,
Will gleich damit zu Hilf Euch kommen.«
»So zeige denn in voller Kraft
An mir sich Eure Meisterschaft.«
Da meine Arzenei bereit
Und bei mir lag die holde Maid,
Da ließ sie ihre Wunde sehn;
Tät drauf nach meinem Meißel spähn
Und schob den Wackern selbst hinein,
Auf daß sich ende ihre Pein.
Sondierte nun mit ganzer Kraft,
Und als ich wacker so geschafft
Ein Stündlein oder anderthalb,
Da schrie sie: »Meister, Eure Salb
Hat gänzlich ihre Kraft verlorn.
Hab ich Euch denn zum Arzt erkorn,
So rückt das Pflaster näher her,
Eh ich des Meißels ganz entbehr.
Glaubt Ihr, daß solche Arzenei
Für meine Krankheit richtig sei?«

Als ich, vor Müh und Plag halb tot,
Ihr abermals das Pflaster bot,
Da sprach die Schöne stolz und keck:
»Die ganze Sache hat nur Zweck,
Wenn Ihr das Pflaster liegen laßt;
Drum, lieber Meister, aufgepaßt,
Daß es nicht weicht von seinem Platz,
Sonst wär die Wirkung für die Katz.
Ich geb Euch hundert Taler auch,
Laßt Ihr's die Nacht auf meinem Bauch;
Nun handelt wie ein weiser Mann
Und drückt das Pflaster fester an.«

Gab alle Müh mir, fest zu drücken;
Indes, es wollt mir nimmer glücken,
Weshalb ich auszuruhn gedachte.
Die Minnesieche aber lachte:
»Nun, Meister, ist die Kraft erloschen?
Hat Euer Flegel ausgedroschen?
Wer tät Euch nur die Heilkunst lehren?
Er bracht' Euch wahrlich nicht zu Ehren.
Könnt Ihr die Kunst nicht länger treiben,
Wird einzig Euch die Schande bleiben.
Drum hurtig jenem nachgetrabt,
Von dem Ihr diese Weisheit habt;
Ich rat Euch, schlagt den Schurken tot.«
Mir ward vor Scham das Antlitz rot,
Ich sprach: »Gönnt mir ein wenig Ruh
(Und eßt derweil ein Kraut dazu,
Wenn's Euch an Medizin gebricht),
Bis ich mein Pflaster frisch gericht't.
Wie könnt Ihr so genügsam sein?
Meint Ihr, ein Arzt kann Euch befrein
Von Eurem Leid im Handumdrehn?
Das kann nun einmal nicht geschehn,
Darum gebt, Herrin, Urlaub mir!

Und glaubt nicht, daß ich gern kurier,
Mich gerne plag mit solchen Kranken,
Die meine Müh mir also danken.«
»Ach nein doch«, sprach die Fraue zart,
»Versucht noch eine einzge Fahrt,
Wie sich's für einen Arzt wohl schickt;
Vielleicht daß es Euch besser glückt,
Müßt Euch halt größre Mühe geben.
Was ist das für ein faules Leben,
Wie kann man nur so träge sein!
Helft mich von meinem Leid befrein!
Ich tu fürwahr, was nötig ist,
Damit ich binnen kurzer Frist
Genesen mag. Wenn's *usus* wär,
Ich nähm wohl selbst das Pflaster her;
Und wär mir eines nicht genug,
Nähm ich auch drei mit gutem Fug.
Doch Ihr! wie seid Ihr schnell erlegen!
Ich wollt Euch wahrlich besser fegen.«

Als es nun ging auf Mitternacht,
Da hab ich so bei mir gedacht:
»Versuch's noch mal, vielleicht geht's besser.«
Ich zog hervor mein stumpfes Messer,
Versuchte Arzenei zu machen,
Nahm Büchsen, Salben, alle Sachen
Und gab mein Allerletztes her,
Bis daß die Salbentöpfe leer.
Konnt kaum noch auf den Füßen stehn,
Schon fing sich alles an zu drehn,
Da blies – o hochgelobter Ton! –
Der Wächter drauß den Morgen schon.
Wer war wohl glücklicher als ich?
Ich wandte an die Fraue mich
Und sprach: »Nun ist es an der Zeit,
Daß ich Geplagter von Euch scheid;

Mag länger nicht bei Euch verweilen,
Es könnt mich leicht der Tod ereilen.
Was Ihr an Lohn mir zugedacht
Für meine Dienste heute nacht,
Ich bitt Euch, wollt so gütig sein,
Und schickt mir's in die Herberg mein.
Inzwischen laßt's Euch wohlergehn.«
»Um was Ihr bittet, soll geschehn,
Da Eure Dienste ich genommen.«
Als ich nun in die Herberg kommen,
Mußt warten ich gar lange Zeit;
Doch schließlich kam der Frauen Maid.
Ich dacht, sie brächt 'nen Sammetrock,
Dazu der Taler zwanzig Schock;
Da bracht sie eine Narrenkapp,
Drauf stand geschrieben: O du Lapp!
Sie sprach: »Verschmäht die Gabe nicht
Und zieht die Lehr aus der Geschicht,
Man soll sich niemals übernehmen.«
Ich wollt mich schier zu Tode grämen,
Ging fort und kehrte nimmer wieder
Und legte meine Praxis nieder,
Die mich in Schmach und Schand gebracht.
Hans Rosenplüt hat dies erdacht.

Anno 1524

6

Von einem Ratsherren, der mit einem Kind ging

In einer Stadt mit Namen Freiburg saß ein reicher Ratsherr, welcher mit seiner Frau in fünfzehn Jahren noch kein Kind gehabt hatte, weshalb sich oft etwas Streit bei ihnen erhob, daß eins dem anderen die Schuld gab. Einstmals dingte die Frau eine Hausmagd, welche von sehr züchtigem Betragen war, konnt auch dem Haus wohl vorstehen. Ihr Mann gedacht in seinem Sinn: »Mein Weib zeiht mich, ich sei zu nichts nutz; wie wär's, wenn ich's mit meiner Magd versuchte, ob die Schuld mein sei oder nicht, nur daß wir aus dem Zweifel kommen?« Und wandte allen möglichen Fleiß an, ob er sie bereden könnte. Und da er der Magd viel glatte Worte und Versprechen gab, willigte sie ein und empfing von ihm ein Kind. Nun bestimmt aber die Stadtordnung allda: so ein Rastherr die Eh bricht, wird er aus allen Ehren gesetzt. Und er dacht: »Was ist da zu tun? Wird man's von mir inne, werd ich übel bestehn.« Und geht hin zu seinem Doktor, welcher ein gescheiter Mann war, entdeckte ihm sein Anliegen und die große Gefahr, so ihm daraus erstünde. Der Doktor tröstet ihn und spricht: »Dem ist wohl zu helfen; seid unverzagt. Geht heim und legt Euch ins Bett und gehabt Euch sehr übel im Bauch, und über einen Tag schickt mir den Harn durch Eure Frau und laßt mich handeln.« Der Ratsherr tat, wie ihm der Doktor befohlen hatte, und schickte am andern Tag die Frau zu ihm mit dem Wasser. Der Doktor besah das Wasser, und im Besehen lachte er. Die ängstliche Frau, da sie den Doktor lachen sah, betrübte sich sehr; denn sie wußte wohl, daß ihr Mann sehr krank lag. Der Doktor spricht: »Euer Herr ist sehr krank, und es schwillt ihm der Bauch, denn er geht mit einem Kind.« Die Frau antwortet: »Herr, wie kann das sein? Treibt keinen Spott mit mir, mein Mann ist sehr krank.« Antwortet der Doktor: »Ich sage Euch die Wahrheit; er geht mit einem Kind.« – »Herr«, sagt die

Frau, »wie geht das zu? Es ist unmöglich!« Antwortet der Doktor: »Ihr Weiber habt seltsame Gelüste, versucht es auf alle Weise; dabei ist Euer Mann schwanger worden.« Und sie errötete, dachte bei sich gar einfältiglich: »Es mag sein!« und faßt wiederum das Herz mit beiden Händen, fragte den Doktor, wie ihrem Mann zu helfen wäre. Der gab ihr die Lehr: »Bestellt eine Jungfrau, die noch keines Mannes schuldig ist, und verfügt sie zu Eurem Mann; alsdann wird die Jungfrau das Kind empfangen.« Die Frau antwortet: »Es wird keine tun wollen.« Spricht der Doktor: »Wendet allen Fleiß an beizeiten, sonst verdirbt Euer Mann, denn das muß sein. Noch eins!« spricht der Doktor, »was habt Ihr für eine Magd?« Antwortet die Frau: »Sie ist so züchtig, mag von derlei Dingen nichts hören, geschweige denn tun.« Spricht der Doktor: »Versucht es mit ihr, wendet allen möglichen Fleiß an und sagt, sie könne den Mann beim Leben erhalten, mit Verheißung einer reichlichen Aussteuer; und so sie das Kind bekommt, daß ihr es als euer eigen Fleisch und Blut aufziehen wollt.« Also schied die Frau vom Doktor und kam heim zu ihrer Magd und hielt ihr den Handel vor mit großem Bitten und Flehen. Die Magd antwortete: »Liebe Frau, haltet ihr mich für eine solche? Ich will noch diese Nacht aus dem Haus.« Die Frau wiederum setzte ihr mit großem Bitten und Verheißungen zu, sie solle doch ihres Mannes Leben bedenken; desgleichen wolle sie das Kind als ihr eigen Kind erziehen, sie reichlich aussteuern und ihr zu einem guten Gesellen verhelfen. Nach langer heftiger Bitte willigte die Magd ein und legte sich zum Herrn, welcher in wenig Tagen wieder genas, und die Magd empfing das Kind. Also ward man der Sache Herr, und die Frau hielt der Magd alles, was sie ihr verheißen hatte, und blieben alle in Ehren. Als aber die Magd schon bald gebar und nur die halbe Zeit, zwanzig Wochen, das Kind getragen hatte, bekam die Frau einen Argwohn und ging wieder hin zum Doktor und sprach: »Herr Doktor, wie geht es doch zu, daß die Magd des Kinds so bald genesen ist?« Antwortet der Doktor: »Meine liebe

Frau, wundert Euch das? Gedenkt Ihr nicht, daß der Mann das Kind zwanzig Wochen getragen hat und die Magd auch zwanzig?« Spricht die Frau: »Ja wahrlich, das ist wahr!« Dankte dem Doktor und schied von ihm. Etwa ein Jahr danach begegnete der Doktor der Frau, grüßte sie und lächelte; das trieb er zu wiederholten Malen, woraus die Frau annahm, daß es nicht mit rechten Dingen zugegangen war, wie man spricht.

7

Ein gewisses Rezept, von einem Doktor
einem Jungfraumädelein verschrieben

Es war ein Jungfraumädelein gleich wie ein hölzern Kling-
eisen, rostige Hellebarde, böses Gut etc. und dergleichen.
Denn ist ein Ding hölzern, so kann es nicht eisern sein; ist es
rostig, so kann es nicht hell sein. Ist es bös, so kann es nicht
gut sein. Also auch, wenn eine eine Frau ist, so kann sie kein
Mädelein sein. Und ist auf deutsch ein Burschsäckel. Derglei-
chen eine kam zu einem Doktor und klagte ihm ihre Not, wo
es sie drücke oder was für eine Krankheit sie hätt; und gab
ihm mit dürren Worten zu verstehn, daß sie gern Läus im
Pelz gehabt hätt. Der Doktor merkte *ex descriptione* das große
Anliegen und Siechtum der guten Nudelfresserin und sagte:
»Ja, mein Kind, ich entnehm Euren Worten nur so viel: daß
Ihr, wenn man Euch nicht zu Hilfe kommt, wahrlich großen
Mangel leiden müßt. Darum will ich Euch eine Arzenei aus
der Apotheke verordnen; dieselbige gebraucht wohl und tut
ein Schläfchen darauf!«

Die Arznei aber, welche der Doktor verschrieb, war diese,
an einen Apothekergesellen mit Fleiß verpetschiert und
versiegelt: »Mein lieber David, dieses Mensch ist schwer-
krank und leidet großen Mangel. Darum nimm Arschwurzel,
Stehwurzel, eine Spanne lang, früh um drei oder vier, wenn
der Hahn kräht, und leg sie ihr auf das Schafeuterlein, eine
Spanne vom Nabel entfernt und zween gute Finger breit vom
Kackhäuslein, und reib sie ihr wohl hinein, so wird es besser
mit ihr werden.« Wie der gute Gesell das Rezept liest, spricht
er zu dem schönen Kind: »Wo wohnet Ihr? Ich muß es Euch
selber bringen.« Sie zeigt' es ihm an, da und da.

Der Apotheker ist früh auf mit dem Rezept, denn sie kann
nicht lange warten; frißt auch viel gutes, süßes Zeug, *item*
Gewürz, das zum Scherzen gut ist, und kommt zu dem
armen kranken Kind und gibt ihr die Arznei ein, ganz wie es

die Krankheit erheischt; wovon sie gottlob genesen und gesund worden ist, und lebt noch heutzutag und geht alle Wege und Stege ohne Stab und Leitung. Wie denn oft einer zu helfen wär, wenn's nur ein guter Gesell wüßt.

8

Von einem guten Abenteurer,
wie er einer edlen Frau
und auch deren Magd die Vulva rückt

Einstmals da wollt ein guter Schlucker durch das Schweizerland wandern, der hatte gar wenig Geld und wußte nicht, wie er's anpacken sollt, daß er durchkäme; denn es ist im Schweizerland nicht Brauch, daß man herumzieht und bettelt wie in Schwaben, Bayern, im Frankenland und auch sonst noch in andern Landen. Dieser gute Gesell wär gern in Frankreich gewesen; als er nun aus Basel auszog, da kam ihm eine seltsame Fantasterei in den Sinn, und unter solchen Gedanken kam er vor ein Schloß, das lag hoch auf dem Berg. Wie er nämlich unten vor dem Schloß vorbeiging, fing er an zu schreien: »Rück die Fud, rück die Fud!« Solchen Schrei tät er oft, bis daß es des Vogts Weib hörte; und waren weder der Vogt noch irgendein Knecht im Schloß denn allein die Frau und eine Magd.

Und wie die Frau diesen Abenteurer schreien hörte, sprach sie zu der Magd: »Hör, was schreit dieser Mann?« Als die Magd auch den Kopf hinausreckte, da schrie der gute Gesell abermals. Die Magd sprach: »Ei, Frau, er schreit: Rück die Fud.« Als die Frau das hörte, sprach sie: »Liebe, geh hin, und heiß ihn heraufkommen! Denn es sagt mein Vogt immer, es stehe mir die meine zu weit drunten. Wenn er sie mir heraufrücken könnt!«

Die Magd lief hin und rief den Abenteurer; der kam auf das Schloß zu der Frau. Und wie sie ihn sah, sprach sie: »Mein Freund, was schreiet Ihr?« Er antwortete: »Daß ich die Fud rücken kann, wenn sie einer zu weit drunten steht.« »Mein lieber Freund, was nehmet Ihr von einer fürs Rücken?« sagte die Frau. Er sprach: »Je nachdem, wie weit sie eine will droben haben.« Die Frau sagte: »Es spricht mein Vogt stets, es stehe mir die meine zu weit drunten. Wenn sie nur eine Handbreit weiter heroben stünde.« Fragte ihn, was er nehmen wollt, wenn er sie eine Handbreit hinaufrücke. Der gute Kompanion forderte fünfundzwanzig Gulden; und sie wurden der Sache einig, daß ihm die Frau zwanzig Gulden gab. Da sprach der Abenteurer: »Frau, Ihr müßt mir auch einen Korb voll Eier dazu geben; sonst kann ich's nicht verrichten.« Die Frau hieß flugs einen Korb mit Eiern bringen. Das tat die Magd, und nahm der gute Kompanion den Korb mit den Eiern und sprach: »Frau, wo wollen wir hingehen?«

Sie führte ihn in eine Kammer, gab ihm die zwanzig Gulden. Die steckte er in seinen Säckel und legte die Frau auf die Erde, hob ihr das Gewändlein auf, legte sich oben drauf und fing an zu rücken. Als er meinte, sie wär hoch genug droben, stand er auf, nahm ein Ei und legt' es ihr in die Vulva; sprach: »Frau, Ihr müßt still liegen und Euch beileibe nicht regen. Sobald als Ihr Euch regt oder aufsteht, bevor ich wiederkomme, so hilft es nichts; denn es wächst ein Kraut drunten im Garten, das muß ich holen.« Die Frau sprach ja. Und stellte ihr der gute Kompanion den Korb mit den Eiern zwischen die Beine und legte etliche Eier nebeneinander bis zur Comparatio, ging also aus der Kammer.

Wie er in die Stube kam, da sprach die Magd: »Mein guter Freund, ich bin eine arme Magd und hab nicht viel Geld. Was wollt Ihr nehmen, wenn Ihr mir die meine auch rückt?« Der gute Kompanion sprach: »Ich will fünf Gulden nehmen, dieweil Ihr nur eine Magd seid.« Sie sprach: »Ich hab wahrlich nicht mehr als vier Gulden, die will ich Euch indes gern geben.« Und wurden des Handels einig. Der Abenteurer sprach: »Wir müssen aber einen Kälberschwanz dazu haben.« Die Magd lief flugs in den Stall und hieb einem Kalb den Schwanz ab und bracht ihn dem guten Gesellen, gab ihm auch die vier Gulden. Der tät der Magd ebenso wie der Frau. Und als er am besten Werken war, da sprach die Magd: »Oh, mein lieber Freund, rücket nur weidlich! Sie steht noch weit drunten.« Der gute Gesell arbeitete mit allem nur möglichen

Fleiß, rückte so lange, bis er nimmer konnte; und als er abzog, sagte er zur Magd: »Nun müßt Ihr also zwei Stunden liegenbleiben.« Nahm den Kälberschwanz und steckt' ihn ihr zwischen die Beine.

»Wenn Ihr aufsteht, so hilft mein Rücken für diesmal nicht. Auch muß ich noch Kraut holen drunten am Berg; das wird's erst dauerhaft machen, so daß es am rechten Fleck bleibt und erstarrt.« Die Magd ließ sich überreden gleich wie die Frau und war so närrisch, dacht, es wär dem also.

Jetzt zu unseren Zeiten tät's auch so manche, sie würd also gleich stille liegen; indes, sie würd bald sagen: »Ich glaub, du meinst, ich sei eine Närrin. Willst du mir die meine wirklich weiter oder höher hinaufrücken? Nein, sie ist also gewachsen, sie läßt sich nimmer enger machen, aber weiter.« Also würden unsere Frauen, auch Jungfrauen und Dienstmägde sagen, etliche, aber doch nicht alle. Man findet zu unseren Zeiten viel Mägde, aber wenig Jungfrauen, so sagt man; es wär aber bös, wenn sie alle so wären. Und doch kommst du selten zu einer, die, wenn du ihr die Schreibfeder im Latz in die Hände gibst, damit hinter die Ohren führe; aber unterhalb der Ohren, drei oder dritthalb Spannen, da würden sie sie schon hinstecken und verschwinden lassen.

Nun, die Frau lag in der Kammer, und die Magd lag in der Küchen, und der gute Kompanion zog seine Straße, war nicht willens, ein Kraut zu bringen, das der Magd oder der Frau ihr Loch hinaufrückte, sondern war froh, daß er Zehrung bekommen hatte. Wie er nun den Weg vom Schloß daherzieht und den Berg hinabsteigt, kommt der Vogt geritten samt einem Knecht. Der fragte ihn, von wannen er komme. Der gute Gesell sprach: »Von Basel!« und ging seine Straße.

Als der Vogt vor das Schloß kam, da fand er Tür und Tor offen, er sah aber weder Frau noch Magd. Da sprach er zu dem Knecht: »Geh flugs und schau, wo sie sind, dieweil niemand nicht da ist und alles offensteht!« Der Knecht lief die Stiegen hinauf, sah die Magd auf dem Rücken liegen und den Kälberschwanz zwischen den Beinen stecken. Da lief er auch in die Stuben und Kammern, sah die Frau auf dem Rücken liegen, die hatte ein Ei in der Comparatio und den Korb voll zwischen den Beinen. Lief flugs die Stiegen wieder herab und schrie zu dem Vogt: »Es liegt unsere Frau in der Kammer auf dem Rücken und hat einen ganzen Korb voll Eier gelegt, und steckt noch eins im Loch; sie wird noch mehr legen. Auch liegt die Magd in der Küchen und will ein Kalb gebären, das hat den Schwanz schon heraus. Kommt flugs und laßt uns ihr helfen!« Der Vogt sprach: »Ich glaube, du bist unsinnig.« Der Knecht antwortete: »Lieber Herr, so kommt! Ihr werdet sonst die Geburt versäumen.«

Der Vogt ging mit dem Knecht und fand's, wie jener es gesagt hatte; fragte die Frau, was das bedeute. Die antwortete: »Du sprichst stets, es stehe mir die meine zu weit drunten. So ist einer vorübergezogen, der hat sie mir hinaufgerückt; und ich darf nicht aufstehn, bis er wiederkommt.« Also sprach die Magd auch. Da solches der Vogt hörte, sprach er zu seinem Knecht: »Sitz auf und reit flugs dem Leckerbuben nach, der uns begegnet ist, bring ihn mit dir aufs Schloß! Ich will ihn lehren die Fud rücken.«

Der Knecht saß auf und ritt den Berg hinab. Das hatte der gute Kompanion gehört, legte sich flugs unter einen Baum und lag also still. Als der Knecht kam, sprach er: »Hör, Landsmann, hast du nicht einen den Berg hinabsteigen sehen?« Der Kompanion sagte: »Ja, er ist aber schon weit. Indes, sitz du ab, so will ich ihm nachreiten; und bleib du ein Weilchen da liegen, so will ich ihn bringen.« Der Knecht stieg vom Roß, und der Kompanion saß auf, ritt flugs auf Solothurn zu, ließ den Knecht samt dem Junker warten, auch mit der Frau und der Köchin übereinkommen, weiß Gott, ob sie ihnen hinaufgerückt waren oder nicht. Er aber brachte vierundzwanzig Gulden samt etwas zu reiten davon, so daß er in Frankreich wohl zu zehren hatte. Mich aber will bedünken, es stehn ihnen die Löcher noch am alten Fleck.

Dennoch soll keiner verzagen. »Wer weiß, wo der Has

läuft«, sagte einstmals ein Bauer und stellte ein Hasengarn oben auf die Scheuer. Und als ihn sein Nachbar fragte: »Was soll's, daß du das Garn oben auf die Scheuer stellst?« sprach er: »Wer weiß, wo Hasen laufen?« Bei der Nacht war ein großer Wind, der warf dem Bauern die Scheuer um. Von ungefähr lief ein Has durch seinen Garten und kam in das Garn; den fing der Bauer am Morgen. Ob das aber ein großer Nutzen war, mag ein jeder selbst bedenken; doch hatte er das Glück, daß er einen Hasen fing, wenn er auch eine neue Scheuer bauen mußt. Dabei bleibe es!

Von allerlei verbuhlten Weibern, die der Minnedurst geplagt

Das dritte Kapitel

9

Minnedurst

Es ist schon wahr, was ich euch sage:
Die Frauen können alle Tage
Die Männer kunstvoll hintergehn.
Glaubt mir, daß sie sich drauf verstehn,
Durch hunderterlei Sachen
Zum Narren sie zu machen,
Bis daß sie dümmer als ein Huhn
Von all dem listenreichen Tun.
Daß dem so ist, das mög in Ehren
Euch folgende Geschichte lehren,
Die ich euch nun erzählen will.
Wollt ihr sie hören, schweigt fein still;
Ich fang alsdann die Märe an
Von einer Frau, die ihren Mann
Bereits zum Hahnrei hatt gemacht,
Noch eh vorbei die Hochzeitsnacht.
Doch falls mein Vorsatz euch mißfällt,
So sagt's; um alles in der Welt
Möcht ich euch nicht beschwerlich sein;
Noch eh ich anfang, halt ich ein.
Nun denn? – Ihr wollt, daß ich berichte?
Ei, so vernehmet die Geschichte.

Nicht fern von einem Meiergut
Da lebte, stolz und hochgemut,
Ein Jüngling; was er auch begann,
Es schlug zu seinem Vorteil an.
Verstand nebst manchen andren Dingen
Sich aufs Hofieren und aufs Singen.
Es war nun die Gespielin sein
Des Meiers schönes Töchterlein;
Die tät dem Jüngling denn vor allen

Den andern Jungfrauen gefallen.
Verschwätzte mit ihr manche Stund
Und tät in Wort und Tat ihr kund,
Was ihm an ihr gelegen.
So hatte allerwegen
Die Lieb das junge Paar geeint,
Und eines wie das andre meint',
Ihr Liebesbund könnt hier auf Erden
Von Tag zu Tag nur schöner werden.

Dem Meier ward indes bekannt,
Wie es um seine Tochter stand,
Wie es sein Kind in großer Lieb
Tagtäglich zu dem Burschen trieb.
Das schaffte seinem Herzen Pein:
Er wollte, daß die Tochter sein
Zur Ehe einen nähme,
Daß Geld zu Gelde käme.
Daran's dem Burschen ganz gebrach.
Der gute Meier dachte nach,
Wer sich zum Eidam schickte,
Und er verbot ganz strikte
Der Tochter und dem Knaben,
Sich fürder lieb zu haben.
Da seufzten sie vor Ach und Weh,
Man gab ihr einen Mann zur Eh;
Sie sollt den Jüngling meiden.
Das war ein bitter Leiden,
Das war ein herbes Ungemach,
Das ihnen beiden da geschach.

Da nun die Hochzeit sollte sein,
Erblickte man manch Mägdelein
Recht schmuck und wohlgezieret,
Wie sich's denn auch gebühret,
Wenn man auf eine Hochzeit geht.

Der Jüngling hatt es so gedreht,
Daß er, als es zum Reigen ging,
An seines Liebchen Arme hing.
Und als man nun den Tanz begann,
Da hub er unverzüglich an,
Recht lieb mit ihr zu kosen:
»Du schönste aller Rosen!«
Sprach er, »du mein Herzliebchen traut,
Du wirst nun heute nacht noch Braut.
Doch bitt ich, bei der Liebe dein:
Laß du zur Schlafenszeit mich ein
Gar heimlich in die Kammer,
Auf daß sich hebt mein Jammer.
Mein Schwermut und mein Herzeleid
– Daran ich krank die ganze Zeit –,
Wenn wir mitsammen plaudern.«
Die Jungfrau sprach ohn Zaudern:
»Gern will ich dir zu Diensten sein,
Doch merke auf die Worte mein,
Sonst fürchte meine Strafe.
Komm, wenn im ersten Schlafe
Versunken liegt mein lieber Mann.
Gar leicht ich es so wenden kann,
Daß er von unsern trauten Werken
Auch nicht das mindeste soll merken.
Doch gib vor allem du nur acht,
Daß du zur rechten Zeit heut nacht
Erscheinst; und daß ich sehe,
Wer vor der Türe stehe,
So stimme flink dein Liedlein an,
Wie du es denn so oft getan,
Seitdem ich dein Herzliebchen ward;
Ich rüste mich dann flugs zur Fahrt.
Schenk mir nur dein Vertrauen,
Du kannst getrost drauf bauen.
Du sollst als erster dich erlaben,

Von meinem Leib den Nießnutz haben,
Der dir, ohn allen Arg fürwahr,
Nur allzulang verwehret war.«
Der Knabe sprach: »Das tu ich gern!
Was du gebeutst, mein Augenstern,
Das werd ich wohl erfüllen,
Ich bin dir gern zu Willen.
Du hast gelindert große Pein,
Du hast mir von dem Herzen mein
Genommen zentnerschweres Leid.«
Er sprang empor vor großer Freud,
Das Herz zu hüpfen ihm begann,
Noch manchen Reigen führt' er an,
Bis daß der Tag ein Ende nahm.

Und als der Abend schließlich kam,
Da hielt man einen großen Schmaus;
Leer ging dabei nicht einer aus.
Wer immer da gesessen,
An Trinken und an Essen
Litt keiner die geringste Not.
Denn was der Keller Gutes bot,
Das wurde aufgetragen.
Zuletzt, bleibt noch zu sagen,
Bracht man gebratne Würst herein,
So groß, daß wohl der Gäste zwein
Von *einer* ward das Bäuchlein stramm.
Es saß da auch der Bräutigam:
Er aß und aß die ganze Nacht,
War einzig nur darauf bedacht,
Den Leib sich vollzuschlagen.
Zuletzt ward abgetragen;
Und da es auch schon ziemlich spät,
Wo man denn wohl zu Bette geht,
Beschloß man allerwegen,
Zur Ruhe sich zu legen.

Kaum hatt der Jüngling das gesehn,
Dacht er bei sich: »Jetzt könnt es gehn!«
Sein Herz schlug voller Zuversicht,
Er säumete da länger nicht,
Ging, da es Zeit, hin unverzagt,
Wie's ihm sein Lieb zuvor gesagt.
Hub lauthals an zu singen,
Sein Ständchen darzubringen
Vor seiner Liebsten Schlafgemach.
Sie hört' es gleich, da sie noch wach.
Indes ihr Mann nur wenig spürte
Von dem, was sie im Schilde führte;
Von Wein und Schlaf ganz trunken
Aufs Ruhebett gesunken,
Verstand sich der einfältge Gauch
Auf Lieb so wenig wie ein Schlauch.
Sein Weib hob leis zu flüstern an:
»Mich dürstet sehr, mein lieber Mann,
Mag länger nicht im Bette liegen,
Ich will darum hinab die Stiegen
Hin zu der Wasserkanne gehn;
Sonst ist es bald um mich geschehn.
Da kann ich löschen meinen Durst,
Ich glaub, daß die gebratne Wurst
Versalzen war, die ich heut aß.
Drum zürn nicht, lieber Mann, und laß
Mich 'nuntergehn, um was zu trinken;
Ich könnt vor Durst zu Boden sinken,
Ich leide übergroße Pein.«
»Bleib liegen«, sprach er, »Fraue mein,
Ich bring sogleich, was dein Begehr.
'nen ganzen Schöpfer Wasser her.«
Sie sprach: »Das geb ich nimmer zu,
Lieg du nur still, du brauchst die Ruh:
Gott sei davor, daß meinetwegen
Du dich auch noch zur Nacht sollst regen.

Drum wärme nur das Bette mir,
Ich rück dann näher hin zu dir,
Sobald ich wiederkehre.«
Sie stritten, sagt die Märe,
Noch eine Weile hin und her,
Am Ende resignierte er,
Ließ sie zum Wasserfaß hinab.

Da wartete auch schon der Knapp.
Den ließ sie heimlich zu sich ein,
Sie sprach zu ihm: »Ach, Liebster mein,
Sei mir und sei auch Gott willkommen.«
Wie ich nun weiter hab vernommen,
Genoß er, was die Maid zuvor
Beim Tanz geflüstert ihm ins Ohr.
Mit ihrem Willen tat er das.
Er legte sie hin vor das Faß
Und machte, was man halt zur Nacht
Ansonsten wohl im Bette macht.
Sie spielten nun das alte Spiel,
Er bot ihr dar den Schöpferstiel;
Sie säumte nicht, ihn anzusetzen,
Wo er ihr schuf gar groß Ergetzen.
Sie ließ den Freudenquell nicht aus
Und rief mit lauter Stimm durchs Haus:
»Nun, hörst du mich, mein lieber Mann?
Das Fäßlein ist gestochen an.
Ich tue jetzt den ersten Zug
Und wünsch von dir mit gutem Fug,
Du bätest unsern Herrgott recht,
Daß er den Trunk mir segnen möcht
Und löschen meinen großen Durst;
Schuld ist die wohlgesalzen Wurst,
Die ich heut nacht zu mir genommen,
Ich kann drum noch nicht wiederkommen.
Hab ich doch grad erst angefangen.

Drum setz ich an, bis mein Verlangen
Völlig gestillet, ganz und gar.«
Der Knabe bot ihr wiedrum dar
Den Schöpferstiel grad wie zuvor.
Sie schrie zu ihrem Mann empor:
»Hörst du, ich tu den zweiten Zug,
Der erste war mir nicht genug.
Glaub mir, mich dürstet immer noch.«
Da sprach der Mann: »Du hast ja doch
Des Wassers eine Kanne voll,
Davon der Durst schon weichen soll.
Drum trink nur zu, mein liebes Weib,
Und wohl bekomm es deinem Leib,
Das wünsch ich dir, soviel ich kann.«

Der Knabe aber setzte an
Zum dritten Mal den Schöpferstiel.
Die Frau besann sich nicht erst viel
Und bracht ihn flugs an jene Stätt,
Da ihr der Durst am wehsten tät.
Mir will fast scheinen, daß die Lieb
Die Gute zu der Kanne trieb.
Drei Stunden war er ihr zu Willen;
Denn ihren großen Durst zu stillen,
Ließ er sich angelegen sein.
Sie sprach: »Ach du, Geselle mein,
Ich denk, wir machen jetzt ein End.
Wenn uns mein Mann mitsammen fänd – –!
Der muß nicht erst dahinterkommen.
Geringe Freud wird mehr uns frommen
Als große Freud mit Ungemach.
Mein Mann verzieh' mir nie die Schmach;
Das gäbe traun ein groß Geschrei.
So sind wir aller Sorgen frei,
Und Liebe blüht uns beiden;
Drum mußt du jetzund scheiden.

80

Was es auch sein mag (sprach die Maid),
Maß soll man halten alle Zeit.«

Wie ich denn noch vernommen hab,
Nahm Abschied drauf der stolze Knab
Von seinem Schatz; die legt' sich wieder
An ihres Mannes Seite nieder.
Der lag aufs Bette hingesunken
Und war vom Schlafe also trunken,
Daß er fürwahr nichts konnte merken
Von allen den geheimen Werken,
Die da im Schutz der dunklen Nacht
Sein Weib und ihr Galan vollbracht.
Hier will ich nun mein Märlein schließen.
Gott läßt es die gewißlich büßen,
Die allzeit ihren Mann betrügen,
Ihr schändlich Tun mit hundert Lügen
Vertuschen. Wollte Gott, fürwahr,
Daß sie bald alles Witzes bar.

10

Von einem armen Landsknecht, welcher durchs Land zog und bei eines Edelmanns Weib schlief

Es zog einmal ein junger, gerader Landsknecht bettelnd durchs Land, der kam durch mancherlei Dörfer, zuletzt auch vor eines Edelmanns Haus; darin saß eine schöne, junge, edle Frau, der war ihr Junker ausgeritten. Das wußte der gute Bruder nicht, vermeinte also, er möcht bei dem Junker eine Ritterzehrung bekommen; wie denn unser Brauch ist, daß wir auch der edlen Herren Häuser nicht ungeschoren lassen. Denn man findet jetzt zu unseren Zeiten viel Ehrbarer vom Adel, die auch als Landsknechte gehen. Wenn dann einer zu ihnen kommt in ihre Häuser oder Schlösser, so teilen sie uns mit, was recht und billig ist.

Der gute Bruder kam vor das Schloß. Den hatte die edle Frau wohl erspäht, ehe ihn der Pförtner gesehen hatte, und kamen ihr sogleich böse Gedanken in den Sinn, gefiel ihr doch der Landsknecht gar wohl. Als er nun anklopfte und der Pförtner ihn erblickte, auch sein Begehren wohl merkte, sprach der Pförtner: »Es ist wahrlich mein Junker nicht daheim.« Der Landsknecht sprach: »Wo ist denn die edle Frau?« Denn es trägt sich oft zu, daß die edlen Frauen den armen Landsknechten mehr geben, als wenn der Junker daheim wär. Also geschah diesem Landsknecht auch. Der Torwärter sprach: »Sie ist droben im Saal!« Und ließ der Pförtner den Landsknecht also hinein in sein Stüblein, zeigt' es der edlen Frau an. Die sprach: »Laß ihn heraufkommen!«

Als der Landsknecht in den Saal kam, tät er der Frau seine Reverenz erweisen und bat sie um eine Ritterzehrung, auf daß er in Ehren weiter käme und nicht mit dem Pfahl erschossen würde, daran man die Küh bindet, sah also frisch um sich. Die Frau blickte ihn freundlich an und sprach: »Mein Bruder, bleibt heute hier! Und morgen will ich Euch eine Zehrung geben.« Dacht die Frau also: »Mein Junker hat oft gesagt:

Das Landsknechtsvolk auf Bettelfahrt,
Das vögelt gut und lagert hart.«

Der gute Bruder sagte der Frau, er wollt dableiben.

Nun hatte die Frau eine Beschließerin, die wußt vielleicht auch recht wohl von Didelmanns Pfeifen zu sagen. Mit der ward die Frau eins, sie sollt zur Vesperzeit das Bad heizen; der Landsknecht müßte baden und die Nacht in ihrem Bett liegen. Die Beschließerin half treulich zu diesem Gottesdienst und heizte das Bad, dachte: »Hätt ich nur auch einen, der heut bei mir in meinem Bett läge!«

Als das Bad warm war, sprach die Frau zu dem guten Bruder, ob er baden wolle. Der Landsknecht sprach: »Frau, ich habe wahrlich kein neues gewaschenes Hemde.« Und war doch sonst gebührend mit Kleidern ausstaffiert. Die Frau sagte: »Wollt Euch darum nicht sorgen, ich will Euch eins leihen.« Der Landsknecht sagte ihr Dank, dachte: »Warum sollt ich es nicht annehmen, da man so dienstwillig ist.« Und ging ins Bad. Als er dort eine Viertelstund gesessen, da kam die Beschließerin und bracht ihm eine gute Maß Wein, auch ein gutes frisch gebacknes Brot, das war fein mit Muskaten und Zimmetrinden bestreut, und sagte, er sollt essen und trinken; sie wolle bald wieder zu ihm kommen. Der Landsknecht dacht: »Das ist eine gute Fahrt; laß mir dergleichen gern gefallen.« Nach einer Weile kam die Beschließerin wieder und fragte, ob er nichts bedürfe. Der Landsknecht sagte nein, er wolle bald hinausgehn. Bald danach kam sie wieder und bracht ihm einen Badmantel und ein schönes Trockentuch, wies ihn damit in ein Stüblein, darin stand ein Faulbett; darauf sollt er ruhn. Auf dem Bette lag ein schönes Hemd, das sollt er anziehn. Der Landsknecht nahm es mit Dank an. Als er seine Kleider angelegt hatte, saß er eine Weile, da kam die Beschließerin wieder und führte ihn ins

Haus, in ein schönes Stüblein, da hieß sie ihn niedersitzen.

Bald kam die Frau und bracht ihm ein paar frische Eier, fragt' ihn, ob er wohl gebadet. Der Landsknecht dankte ihr mit Züchten und sprach: »Ei, Frau, Ihr tut seiner wahrlich zuviel. Wir Landsknechte sind das gute Leben nicht gewöhnt.« »Ei«, sprach die Frau, »so nehmet es darum an, weil es Euch selten geschieht.« Bald bracht die Beschließerin eine gute Kanne mit Wein und ein Paar gebratner Hühnlein. Des Edelmanns Weib saß zu dem Landsknecht nieder, auch die Beschließerin, aßen und tranken und waren guter Dinge. Der Landsknecht merkte wohl, wie es weitergehn sollte, doch ließ er sich nichts merken. Als sie auch die Hühner gegessen hatten, brachte man gutes Konfekt und gewürzte Butter, wie's im Sachsenlande der Brauch ist.

Danach ging man schlafen, und ward der Landsknecht in ein schönes, köstliches, weiches Bett gelegt. Als er also im Bette lag, dacht er: »Nun wird's nicht lang fehlen, ich werd heut einen Schlafgesellen bekommen.« Als er in solchen Gedanken lag, siehe, da kam die Edelfrau und legte sich an seine Seite. Der Landsknecht tät, als ob er schliefe. Auch wollt ihn die Frau nicht wecken und schämte sich gar sehr, so daß sie ihn nicht anzurühren wagte.

Sie getraute sich wohl, sich zu ihm zu legen, aber sie getraute sich nicht, ihn mit ungewaschenen Händen anzugreifen, wie denn auch an einem Aschermittwoch eine Jungfrau sich schämte. Als ihr Schwager aufstehn wollt, sprach er: »Schwägerin, hast du saubere Händ?« Sie sprach ja. Er antwortete: »Hast du sie aber gewaschen?« »Nein«, sagte sie. »So geh flugs und wasch sie, reich mir hernach das Kächlein.« Die gute Jungfrau ging hin und wusch die Händ auf das allerschönste und trocknete sie auf das fleißigste, kam danach wieder und reichte ihrem Schwager das Kächlein. Schämte sich also, daß sie ihm den Brunzscherben mit ungewaschenen Händen reichen sollt. Ich glaub, wenn er gesagt hätte, sie sollt ihm den Scherben halten, sie hätt sich nicht geschämt und hätt es auch getan.

Also erging's der edlen Fraue auch; sie getraute sich wohl, sich zu ihm zu legen, getraute sich aber nicht, ihn anzugreifen. Wär sie nun zuvor gegangen und hätt sich die Händ gewaschen, so hätte sie Macht gehabt, ihn anzugreifen.

Nun, diese beiden lagen die ganze Nacht beieinander. Da es Tag war, erhob sich die edle Frau von der Seite des frommen Landsknechts wie eine Jungfrau. Der gute Bruder hörte es wohl, schwieg still, sagte nichts und dachte: »Es wird noch besser werden.«

Als es ihm nun Zeit dünkte, stand auch er auf, legte sich an und ging in den Saal.

Die Frau kam, wünschte ihm einen guten Morgen. Der Landsknecht dankte ihr mit Züchten. Bald kam die Beschließerin und bracht ihm Eier in Schmalz. Die Frau lachte und auch die Beschließerin. Der Landsknecht merkte es gar wohl, kümmerte sich aber nicht darum. Als sie die Eier in Schmalz aßen, fing die Frau an und sprach: »Habt Ihr die Eier in Schmalz verdient?« Der Landsknecht antwortete: »Edle Frau, wir armen Landsknechte sind es nicht gewöhnt, auf weichen Betten zu liegen und unsere Weiber darauf zu vögeln. Denn die Landsknechte sind es gewohnt, auf harten Bänken und Stroh zu liegen.« Sie aßen und tranken; die Frau dacht: »Nun so will ich's mit dem auf dem Stroh Liegen auch versuchen.« Fragte den Landsknecht, ob er den Tag noch dableiben wollt. Er antwortete: »Edle Frau, wenn Ihr mich nicht hinausjagt, so will ich gern dableiben.« »Ei«, sprach die Frau, »warum sollt ich Euch hinausjagen?« Und blieb der gute Bruder den Tag noch da. Man gab ihm zu essen und zu trinken genug; er hätt dies Leben sein Leben lang auf sich genommen.

Als es nun Nacht war, da hatte die Frau ein schönes frisches Stroh in ihre Kammer tragen lassen, hieß die Betten aus ihrer Bettstatt tun und dafür das Stroh hineinlegen, mit feinen weißen Leintüchern bedeckt samt zwei Kissen und einer Decke drauf. Da wies man den Landsknecht hin. Als er merkte, daß man ihm ein solches Bett gemacht, da dachte er:

»Heut würd's bei Gott Vorwürfe setzen, muß meinen Zins redlich entrichten.«

Nach einer Weile kam des Edelmanns Weib auch, zog sich splitternackt aus und legte sich an seine Seite. »Sakrament«, dachte der Landsknecht, »wer möcht das nicht!« Griff also neben sich und faßte das Fräulein ganz freundlich an, die hielt still wie ein Lämmlein. Bald wischte der gute Bruder daher und schüttelte ihr den Birnenbaum. Da wehrte sich das Fräulein also redlich, daß ein Has mit aufgereckten Ohren hätt unten hindurchlaufen können; und gab der Landsknecht seinen Zins, daß er nicht wußt, ob das Ding sein oder ihr war; so tapfer hielt das Fräulein dawider. Dies trieb der Landsknecht die Nacht bei sieben Malen; und die Frau nahm's zu sich, so warm wie sie es ertragen konnt.

Als es Tag ward, stand sie auf und ließ dem Landsknecht wieder ein köstliches Mal zurichten. Saßen zusammen, waren sehr guter Dinge, und unterm Essen fragte die Frau: »Mein lieber Bruder, wie kommt es, daß Ihr die vorige Nacht in einem guten Bett so still gelegen seid und heut auf dem harten Stroh so kurzweilig und freundlich waret?« »Meine liebe Frau«, sprach der Landsknecht, »habt Ihr nicht gestern gehört, daß wir nicht gewohnt sind, unsere Weiber auf guten Betten zu halsen? Denn wenn wir in ein gutes Bett kommen, so schlafen wir nur, und je härter einer liegt, desto besser steht ihm die Pfeife.« »Oh«, sprach die Edelfrau, »jetzt nimmt's mich nicht wunder, daß die Weiber so gern mit den Landsknechten ziehen, da sie also wohl gehalset werden. Pfui auch, wie werden die losen Huren so gut auf hartem Stroh gevögelt und wie so übel und selten wir braven Weiber auf guten Betten!« Vermeinte also die gute Frau, sie wäre brav und die, so mit den Landsknechten ziehen, das wären alles Huren. Ob sie brav gewesen, das geb ich einem jeden sonderlich zu bedenken. Aber sie behielt den Landsknecht noch etliche Tage bei sich, gab ihm danach eine Zehrung und ließ ihn hinziehen. Der war sehr zufrieden und hätt ein solches Leben wohl auch länger ertragen.

11

Von eines Wirts Tochter zu Straubingen,
die mit einem Pfaffen buhlte,
auch mit einem Landsknecht

Zu Straubingen, da ist ein reicher Wirt gesessen, der hatte ein über die Maßen schönes Töchterlein; das zierte und putzte er auf das allerbeste mit allerlei schönen Kleidern. Auch mußt sie stets an des Vaters Tisch essen; und wenn etwas Gutes auf den Tisch kam, so durfte es nur das liebe Töchterlein haben und essen; desgleichen den besten Wein, der in dem Keller war: Wenn es das Töchterlein gelüstete, so mußt man ihr einen herauftragen. Solcherweise also wuchs das Töchterlein auf und ward über die Maßen schön, so daß sich der Vater über ihre Schönheit freuete und ihm das Töchterlein von Herzen wohlgefiel. Es gefiel ihre Schönheit aber nicht allein ihm, dem Vater, sondern auch anderen Leuten; weshalb sie denn viele Buhlschaften bekam, aber sie hielt da einen zum Narren und dort auch den anderen, war ihr somit keiner gut genug. Deshalb mußt sie auch im Dreck sitzen und eine Torheit begehn; und war ihr auch kein Handwerksgesell gut genug und auch keines Bürgers Sohn, so mußte dennoch zuletzt einer kommen, der gut genug war. Denn sie fressen wahrlich kein Heu, sondern müssen Fleisch haben, sollt gleich das Pfund eine Krone kosten. Denn wo Essen und Trinken ist in Hülle und Fülle, da muß man wahrlich auch Leut machen, es hilft nichts und muß so sein, wie denn auch an dieses Wirts Tochter offenbar wird.

Es war aber ein junger schöner Dompfaff zu Straubing, auf den warf die Jungfrau ihre Liebe. Desgleichen tät der Pfaff auch, und wurden der Sache alle beide einig, kamen in ihres Vaters Haus bei der Nacht zusammen. Und als sich der Vater samt allem Hausgesinde niedergelegt hatte, da stand die züchtige Jungfrau erst auf mitsamt einer Magd, welche ihr denn treulich bei dem Gottesdienst half, dem göttlichen

Domherren und christlichen Mann zu dienen, nicht allein mit solchem Gut wie Essen und Trinken, welches sie auch taten, sondern auch mit dem Leibe. Den legte die Jungfrau ihres Zeichens dem Dompfaffen treulich vor, und lagen dann also die Nacht mit Freuden beieinander, bis der göttliche Domherr mußt scheiden. Solches trieben sie eine lange Zeit.

Unterdes trug sich zu, daß man etlichen Landsknechten im Ungarland den Abschied gegeben hatte, unter welchen auch einer gen Straubingen kam und bei dem Wirt zur Herberg einzog. Verzehrte also der gute Landsknecht sein Geld wohl an die vierzehn Tage, wartete auf ein neues Kriegsgeschrei. Als er nun einige Zeit in Straubingen gewesen, da gefiel ihm des Wirts Töchterlein auch gar wohl, redete deshalb oft mit der Jungfrau gar freundlich und wollt auch mit ihr scherzen; aber es war ihr nicht angenehm, und ging's dem guten Landsknecht grad so wie jenem Esel, der auch mit seinem Herrn scherzen wollt wie der Hund und deshalb jämmerlich geschlagen ward. Also fand der Landsknecht wenig Platz bei der Jungfrau und hatte sich die Hoffnung auf Beute auch schon fast gänzlich aus dem Sinn geschlagen; dennoch dacht er: »Nun, du bist jung und stark, du willst nicht ablassen; es fällt kein Baum von einem Streich.« Aber es half alles nichts, er konnt keine Gnad erlangen.

Einmal ging der Landsknecht spazieren, und es trug sich zu, daß sein Weg durch den Dom führte; da sah er von ungefähr des Wirts Tochter bei dem Pfaffen stehen, ohn daß die Jungfrau (Gott verzei mir's) ihn bemerkte. Und tat der Landsknecht auch ein Ding, ging seines Wegs, als hätt er sie nicht gesehen. Als er nun heimkam und auch des Wirts Tochter, vexierte der Landsknecht sie mit dem Pfaffen. Die Tochter schlug das in den Wind und lachte darüber, sprach: »Ja, er ist mir denn doch lieber, als Ihr mir seid.« Der Landsknecht faßt solches in seine Ohren und merkt besser auf denn zuvor, wird also inne, daß der Pfaff an dem Wirt seiner Tochter hängt. Tät ihm oft auflauern, aber er konnt seiner nicht habhaft werden; doch dacht er also:

»Wirst du mir, werd ich dich also lehren auf Buhlschaft gehn, daß du das keinem Pfaffen mehr beichten sollst.«

Einmal nun hatte die Tochter den Pfaffen beschieden, und wartete auch der Landsknecht dieselbe Nacht, aber in einem Winkel bei der Stiegen. Es waren aber viele Gäste denselben Abend im Wirtshaus, so daß es zum Niederlegen noch nicht an der Zeit war. Das war der Tochter leid, sah deshalb oft zum Fenster hinaus, ob ihr geistlicher Herr nicht käme, zur Zeit, da er die Mette sang. Als es dem Pfaffen an der Zeit dünkte, kam er daher; den hatte sie bald erspäht und trat unter die Tür, empfing ihn gar schön mit Halsen und Küssen, welches der Landsknecht alles sah und hörte. Danach fing sie an und sprach: »Mein Herr, es sind mein Vater und das Gesinde noch nicht schlafen gegangen; darum, so bitt ich, wollet ein Weilchen herinnen sitzen, so will ich Euch einen guten Bissen bringen, auch eine Maß Wein, bis daß man sich tut niederlegen. Alsdann dürfen auch wir uns im Bette regen.« Es stand aber ein strohenes Bad im Haus mit einer hölzernen Badwannen; darein setzte sie den Pfaffen, ging wieder in die Stube und holte eine Kanne, nahm aus der Schüssel das beste Stück Braten, das darinnen war, und bracht also dem Pfaffen das gute Bißlein, ging danach mit der Kanne in den Keller, ließ den besten Wein hinein und bracht's auch dem Pfaffen. In diesen Büchern sollt er eine Weile Mette lesen, bis man sich niederlegte, so wollt sie ihm dann ein anderes Buch vorlegen, daraus sollt er Komplet singen und die Blätter mit dem Knie umwenden.

Als die Tochter ihren Buhler verließ, dachte der Landsknecht: »Es wird jetzt an der Zeit sein.« Und trat aus seinem Winkel vor die Badwanne, sprach zu dem Pfaffen: »Höre, Pfaff, gib mir zu trinken!« Als der Pfaff den Landsknecht reden hörte, erschrak er von ganzem Herzen und eilte zu dem Türlein hinaus. Der Landsknecht stieß ihn wieder hinein und sprach: »Hörst du nicht, Pfaff? Gib mir zu trinken!« Dem Pfaffen war gach zu dem Loch hinaus und wollte dem Landsknecht nicht zu trinken geben, riß sich also von dem Landsknecht los und sprang zum Haus hinaus, ließ aber seinen Rock zurück. Der gute Landsknecht fragte nicht viel danach, ließ ihn laufen und dacht: »Immer dem Teufel zu!« Nahm des Pfaffen Rock, legte ihn an und setzte sich in das Bad an des Pfaffen Statt, fraß und soff, ließ den Pfaffen sorgen.

Nach einer Weile kam die Tochter und fragte, ob der Pfaff noch zu trinken hätt. Da antwortete der Landsknecht: »Nein!« Die Tochter antwortete flugs: »Herr, gebet mir die Kanne, so will ich Euch mehr bringen.« Lief in den Keller und bracht dem Landsknecht noch eine Maß, sprach: »Mein Herr, habt Geduld; ich will bald wieder zu Euch kommen.« Der Landsknecht nahm den Wein, trank und aß, dacht bei sich: »Heut noch war ich ein Landsknecht, und jetzt bin ich ein geistlicher Pfaff.«

Als man sich nun niedergelegt hatte und alles zu Bett war, was im ganzen Hause lebte, denn alleine die Jungfrau nicht, löschte auch sie das Licht und ging im Finstern zu dem Bad, darin der Landsknecht saß, sprach: »Herr wollen wir schlafen gehn?« Der Landsknecht antwortete: »Ja!« Da führte ihn die Tochter in eine Gästekammer, darin stand ein schönes Bett. Diese Kammer ging auf die Gasse. Sie zogen sich aus und legten sich zusammen. Und die Komplet, die der Pfaff sollt lesen, mußte ein Landsknecht beten. Wie nun der Landsknecht das Buch ein- oder zweimal umgewendet hatte, so kommet der Pfaff wieder und klopft an. Die Tochter hörte das und sprach: »Herr, stehet auf und nehmet den Brunzscherben! Es kommt der Landsknecht, der hier zur Herberg liegt, heim vom Wein und klopfet an. Gießet ihm den auf den Kopf!« Der Landsknecht stand flugs auf und schiß (mit Verlaub) dazu in den Scherben, schüttete das hinab, dem Pfaffen über den Schädel. Der war zornig und lief heim, vermeinte, es hätt ihm das die Tochter mit dem Landsknecht angetan, und war sehr aufgebracht über die Hure – ei, hätt mich schier verschnappt! – über die Jungfrau.

Da sich der Landsknecht wieder in das Bett gelegt, sprach

die Tochter: »Herr, habt Ihr ihn getroffen?« Er sprach: »Ja, redlich.« Und lag da der Landsknecht also mit großen Freuden die ganze Nacht bei des Wirts Tochter. Als es ihn an der Zeit dünkte, sprach er: »Jungfrau, ich muß aufstehen; denn ich muß heut Meß lesen.« Halste sie also ganz freundlich und schied von ihr.

Die Tochter stand nach einer kleinen Weile ebenfalls auf, legte sich an und ging in die Kirche. Als sie in die Kirche kam, da stand der Pfaff vor dem Altar und las Messe; und als er sie erblickte, da wurd er vom Zorn bewegt, vermeinte, sie käm ihm zum Trotz in die Kirche, und sah sie ganz sauer an, spie über sie aus und sprach: »Pfui über dich, du lausige Hure!«

Des erschrak die gute Tochter, ging traurig heim, vermutete wohl, der Landsknecht wär bei ihr gelegen, und fragte den Landsknecht. Der sprach ja. Da bat sie ihn, er solle hinwegziehen, sie wolle ihn aus der Herberg lösen und zwanzig Gulden dazu schenken. Die nahm der Landsknecht und zog davon, dacht bei sich: »Ich kann mir lang zu pletzen um zwanzig Gulden kaufen.« Und überließ es der guten Jungfrau, mit dem Dompfaffen wieder übereinzukommen.

Wie viele, meinst du, mein lieber Leser, daß noch Jungfrauen sind in den Städten, die die Haarbänder aufgesteckt tragen und die man Jungfrauen nennt: wenn man sie an dem Ort besähe, da man die Hennen aufschneidet, so wird man es ganz anders finden. Wie denn einmal einer eine Jungfrau nehmen wollt, sie auch nahm. Als man sie zur Nacht niederlegte, da setzte sich die Braut auf eine Truhe, die in der Kammer stand, und weinte von Herzen. Der Bräutigam fragte, warum sie weine. »Ja«, sprach sie, »weil ich keine Jungfrau bin.« Da der Bräutigam das hörte, war ihm sehr gach, und er sprach: »Ei, leg dich nur her! Es ist doch keinem Weber nichts Reines beschieden.« Darum sag ich, es dürft einem mit dieses Wirts Tochter auch also ergangen sein; wenn einer gefragt hätte: »Wo bist du Jungfrau?« so dürft sie wohl geantwortet haben: »Auf dem Kopf.« Aber zwischen dem Nabel und den Knien, da hapert es ein wenig.

12

Wie der Pfaff mit der Ehebrecherin stritt

Ein Pfaff verklagte einst ein Weib,
Daß sie ein loses Leben treib,
Indem sie ihre Eh gebrochen;
Das dürft nicht bleiben ungerochen,
Sie solle ihre Sünden büßen,
Sonst müßt er ihr die Kirch verschließen,
Es könnt nun mal nicht anders sein.
Auch drang der Pfaffe in sie ein,
Daß sie sich einen Fürsprech nähme,
Damit er ihr zu Hilfe käme.
Da bat sie einen Edelmann,
Doch der sprach: »Liebe Frau, ich kann
Euch Eure Bitte nicht gewährn.«
Auch anderwärts fand ihr Begehrn
Kein offnes Ohr, wen sie auch bat,
Weshalb sie denn den Vorschlag tat,
Sie wollt ihr eigner Fürsprech sein;
Der Pfaffe sagt' dazu nicht nein.
Da sprach die Frau: »So tut nur kund
Den Leuten noch zu dieser Stund,
Was ich mir ließ zuschulden kommen
Oder was sonst Ihr habt vernommen.«
Der Pfaffe sprach: »Nun, liebe Leut,
So tu ich Euch zu wissen heut,
Daß dieses Weib die Eh gebrochen,
Des hab ich schuldig sie gesprochen.«
»Verzeiht, wenn ich Euch nicht versteh!
Ich hätt zerbrochen meine Eh?«
So sprach das Weib, »dies ist mein Mann,
Ei, schaut ihn Euch nur richtig an:
Gesund und kräftig steht er hie,
Ich schwör's Euch, den zerbrach ich nie,

Nicht an den Gliedern, nicht am Leib.
Was zeihet Ihr mich armes Weib?«
Der Pfaffe sprach: »So mein ich's nicht;
Doch gibt es manchen, der da spricht,
Ihr minntet fremde Männer auch.«
»Wer's sagt, der lügt's in seinen Bauch!
Meint Ihr, ich wäre eine Hur?
Ich minne jeweils einen nur,
Und diesen einen kenn ich wohl.
Wollt Ihr, daß ich's beschwören soll,
Wohlan, ich bin dazu bereit,
Auch wiederhol ich's jederzeit.«
Die Red mißfiel dem Gottesmann,
Er fuhr das Weib gar zornig an:
»So mancher in der Pfarre sagt,
Daß überflüßge Minn Euch plagt.«
Sie sprach: »Welch eine dumme Mär!
Vermag ich doch, bei meiner Ehr,
Den ärgsten Hunger kaum zu zwingen,
Von Überfluß in derlei Dingen
Kann wahrlich nicht die Rede sein.«
Da lachten alle, groß und klein,
Und drangen in den Pfaffen recht,
Daß er sie ledig sprechen möcht.
Und so geschah es, daß die Frau,
Dieweil sie wortgewandt und schlau,
Auch fürder in der Kirche blieb
Und niemand sie daraus vertrieb.

Ein grausam Wunder, das einer reichen
Frau von einem Mohren widerfahren ist

In einer fürstlichen Stadt lebte eine reiche Frau, die war von Jugend auf eine große, wohlbekannte, namhafte, äußerst geriebene Hure gewesen, mit Verlaub der züchtigen Weiber. Diese wartete nicht der Ehre, bis man sie um einen Reitersdienst ansprach, sondern forschte selbst und schob beizeiten ein, daß sie nur ja nichts versäumte, schlug auch keinen aus, wie gering er auch war, das wußte man wohl; denn sie mußt etwas zur Kurzweil haben, weiß Gott, woher sie es immer nahm, und hätt sie es erbetteln oder stehlen sollen. Kaufen konnt sie es wohl, denn sie hatte alle Jahr fünfundzwanzig hundert Gulden zu verzehren und Geld in Hülle und Fülle; weshalb sie in keinem Fall Hunger oder sonst einen Mangel leiden mußte.

Es kam aber einstmals ein Graf in die Stadt, ein reicher Herr; zu dem schickte sie ihre alte Kupplerin und ließ sich bei dem Grafen empfehlen: so er etwas wollt pro knibus knabus, so wollt sie ihm ganz gehorsamst und untertänigst zu Willen sein, doch möchten seine Gnaden sich zu ihr in ihre Behausung verfügen. Der Graf erkundigte sich nach ihr mit allem Fleiß, bei dem Wirt und bei anderen Leuten, und erfuhr, daß sie eine große, unerhörte Hure sei, dacht jedoch nach, wie er ihr füglich dienen könne, dieweil er selbst persönlich nicht erscheinen wollt; hatte wohl Sorge, er möcht sich verbrennen. Ließ ihr sagen, sie solle sich zur Nacht um neun Uhr bereit machen und kein brennend Licht im ganzen Hause haben, daß man es nicht merke. Wie es nun an der Zeit war, ließ der Graf einen Mohren rufen, dem befahl er, daß er dorthin in seinem Namen sollt buhlen gehn, auch seinen Namen annehmen und sich einen gnädigen Herrn schelten lassen.

Der Mohr kommt dem Befehl seines Herren nach und

wischt zu dem Weib, das da gerne fremde Haare an ihrem Bauch hatte. Hackt ihr eins oder zwei herunter. Und zuletzt, wie er der Speise genug hat, dankt sie ihm freundlich und begehrt nichts, schenkt ihm vielmehr Hemd, Facenetlein und Haartuch, das man hernach auf dreißig Gulden, als das allermindeste, geschätzt hat. Der Mohr sagt: »Ich bin nicht der Graf, den du meinst; er ist zu bieder dazu, hat selbst ein schönes Weib; darum hat Gott dich bestraft, daß du die Ehe hast brechen wollen, und hat mich anstatt des Grafen hergeschickt, und bin ich der Teufel. Und zum Zeichen, daß es wahr ist, laß ein Licht bringen, so wirst du sehen, daß ich ganz kohlschwarz bin wie ein Rabe.« Unterdes bringt man Licht und Fackeln, wonach sie zuvor geläutet hatte; da wird sie des Mohren Angesicht gewahr, das ganz kohlschwarz ist. Fängt an zu schreien, daß die Nachbarn herzulaufen in Haufen. Also ward man inne und ward offenkundig, daß sie eine Hure war, und behielt den Namen bis in ihr Grab hinein.

14

*Ein unerhörter Betrug, den eine Bäurin
ihrem Mann angetan, der noch aus der
alten Welt war und nicht dort gewesen,
wo man unsern Herrn verkauft hat*

Es saß ein schlichter, einfältiger Bauer im Schwabenland, der hatte ein freches, verhurtes Weib, wie denn die Schwäbinnen gemeinhin alle sind; weshalb man auch sagt, daß es die Schuh und Pantoffeln unter den Bänken miteinander trieben. Die hatte einen Knecht, den sie an eines Kaplans Statt hielt, da ihr Mann zu bieder war und sie nicht preisen konnt. Denselbigen Knecht lobte sie vor dem Bauern sehr, wie daß er so häuslich wär und so wacker arbeiten könnt, ganz nach ihrem Verstand und Vermögen. Der Bauer, so dumm und einfältig er war, merkte doch, daß der Knecht nicht länger bleiben wollt und vorgab, er wolle heiraten. Die Bäurin tat ganz verzweifelt und sagte zu ihrem Mann, daß ihr Unterhalt und Wohlergehn ganz von dem Knecht abhinge, so daß der Bauer anfing: »Liebe Gret, was sollen wir alsdann tun?« So spricht sie: »Mein lieber Grickel, wenn du mir folgen wolltest – wir wollten wohl hausen mit dem Knecht; wär dir und mir ohne Schaden. Dieweil er nun ein Weib haben will, so kann ich wohl dich und ihn versehen, doch muß es heimlich bleiben«; und hebt sich vorn auf, schlägt mit der Faust drauf und sagt: »Das ist die eine.« Hernach wirft sie die Kleider über den Arsch, und guckten die Pafesen zwischen den Beinen hervor; spricht: »Mein lieber Grickel, das ist die andre. Nimm nur, welche du willst. Ich will dir die Wahl lassen.« Grickel lacht und ist froh, daß er ein Weib hat, das mit zweien ausstaffiert ist, sagt: »Laß mir die vordere, die ich schon lang benutzt hab, und laß die hintere dem Knecht!« Die Frau freute sich noch mehr und schickte alsbald nach ihrem alten Knecht und tat ihm die fröhliche Botschaft kund. Der Knecht lachte ob des betrüglichen Possens und mocht dergestalt des Heiratens wohl noch ein Weilchen entraten. Und überredete auch die Bäurin den Bauern, daß sie fortan in einem Bett lägen. Wenn nun der gute Gesell die seine dort hinten benutzt hatte und der Bauer sich auch über seine da vorn hermachen wollt und sie naß war oder feucht, so hub der Bauer an und sprach zu dem Knecht: »Fritz, Fritz, ich glaub beinah, du bist mir auch über meiner gewesen!« Der Fritz sagte: »O nein, Bauer, ich hab an meiner genug; meine näßt auch sehr, ich glaub fast, daß das Wetter durchgeschlagen.« Spottete also des guten, einfältigen, dummen Bauern.

*Von einer Goldschmiedsfrau zu Augsburg
und einem jungen Edelmann wie sie
eine güldne Kette von ihm erbuhlete
und ihm wiedergeben mußt*

Während des Reichstags zu Augsburg war ein Edelmann, der des Kaisers Hof nachzog, in einer großen Herberg abgestiegen; er hatte wohl vier oder fünf Pferde. Wenn er wollt spazierenreiten, so saß er im Hofe auf und sprengte vor die Tür, warf das Roß einmal oder gar etlichemal herum. Er war ein hübscher, gerader Edelmann und trug eine güldne Kette um den Hals. Nun wohnte neben der Herberg ein Goldschmied, ein reicher Bürger, der hatte ein schönes Weib; und wenn der Edelmann also vor das Haus sprengte und seine Possen trieb, so lag des Goldschmieds Frau am Fenster und sagte: »Ich wollt, daß ich mit dem Edelmann ein Paar Leintücher zerreißen könnt.« Das hörte der Edelmann und sprach: »Ich wollt meine güldne Kette drum geben.« Die Frau merkte sich's wohl.

Als nun ihr Mann für drei oder vier Tage nicht daheim war, ließ sie nach dem Edelmann schicken und sprach zu ihm: »Junker, seid Ihr noch der Worte eingedenk, die Ihr das andre Mal geredet habt?« – »Ja, Frau«, sagte der Edelmann. Damit führte sie ihn in ein besonderes Gemach, zog sich aus bis aufs Hemd und sprach: »Junker, Ihr wißt wohl, worum es geht.« Der Edelmann sprach: »Ja, es geht um die Kette«, zog sie vom Hals und gab sie der Frau. Die verbarg die Kette behend in einer Truhe zwischen ihren Kleidern. Wohlan, die zwei tanzten den Tannhäuser.

Morgens in der Früh ward der Edelmann hinaus gelassen; er war traurig wegen seiner Kette. Sein Knecht sah, daß der Junker traurig war, sprach zu ihm: »Junker, was liegt Euch an?« Der Edelmann sagte: »Mein Anliegen kann ich niemandem klagen.« Der Knecht sprach: »Ei, Junker, es ist allweil so gewesen, daß, so einer bekümmert ist, er solches seinen guten Freunden klaget und offenbaret. Nun bin ich Euer Diener, ich will meine Haut dran wagen, es muß Euch geholfen werden.« Der Junker erzählte dem Knecht, wie es ihm mit der Goldschmiedin und der güldnen Kette ergangen sei. Der Knecht sagte: »Dem ist abzuhelfen. Die Frau hat uns unlängst einen Mörselstein geliehen, als ein Gaul krank war, um etwas Arznei darin zu stoßen; den will ich ihr wiederbringen. Laßt mich nur machen, Eure Kette soll Euch wieder werden.«

Am andern Tag zur Imbißzeit, als der Goldschmied und seine Frau zu Tisch saßen, klopfte der Knecht an die Tür, ward eingelassen, stand vor dem Tisch und sagte: »Herr, da schickt Euch mein Junker den Mörselstein, dankt Euch sehr und begehrt die güldne Kette, die er Eurer Frau dafür zum Pfand gelassen hat.« Der Goldschmied ward zornig auf die Frau, fragte, warum sie um ein so geringes Ding ein dermaßen kostbares Pfand nähme. Die Frau sprach: »Herr, ich hab keine Kette empfangen.« Sprach der Herr: »Nun hörst du doch, was der Knecht sagt.« Die Frau leugnete wie ein Mörder, der Knecht aber sprach: »So nehmet das als Wahrzeichen: sie legte die Kette in eine Truhe zu Füßen des Betts zwischen ihre Kleider.« Der Herr war zornig, nahm den Schlüssel, schloß die Truhe auf, fand die Kette und gab sie dem Knecht; der nahm sie und zog seine Straße.

Die Frau ging dem Knecht nach und sprach: »Sag deinem Junker, er brauche fürder nimmermehr in meinem Mörselstein zu stoßen. Ich will ihm auch kein Häflein mehr leihen, daß er darin koche, und sollt er Hungers sterben. Wie er's gewollt und es ihm gefallen hat, hab ich ihm Geschirr geliehen; das hat er mir zerlöchert und zerstoßen. Nun muß ich die Stücke für mich behalten.« Der Knecht gab dem Junker die Kette; der ritt hinweg mit Freuden, und waren das Paar Leintücher auch zerrissen.

Von mancherlei seltsamem Getier und Gewürm

Das vierte Kapitel

Der weiße Rosendorn

Viel Närrisches g'schieht auf der Welt,
Daß es uns oft beschwerlich fällt,
Für bare Münze es zu nehmen.
Wollt ihr indessen euch bequemen,
Ein wahrhaft Märlein anzuhörn,
Steh ich zu euren Diensten gern.

So hört von einer Jungfrau zart,
Die hatte von besondrer Art
Sich einen Garten angelegt,
Manch gutes Kraut darin gehegt.
Die Hecke war gar wohl beschnitten:
Nicht oben, unten, in der Mitten
Ließ sich der kleinste Durchschlupf sehn.
Vor all den andern Kräutern schön
Hatt sich die Jungfrau auserkorn
'nen prächtgen weißen Rosendorn.
Der war so breit und war so dicht:
Er konnte vor dem Sonnenlicht
Zwölf Rittern leichtlich Schatten spenden.
Auch hatte man der Zweige Enden
Gleichsam zu einem Dach gebogen,
Von Manneshöhe, ungelogen!
Unter demselben Dornbusch fand
Man guter Kräuter allerhand
Und frisches Gras; das hatt die Maid
Zur ganz besondren Augenweid
Alldort gepflanzt mit großem Fleiß.
Sie tat's zu ihrer Schönheit Preis,
Indem sie sich ein Wasser brannte
Aus all den Kräutern, die sie kannte,
Und aus den Rosen, wie man sagt.

Nun pflog die minnigliche Magd
Wohl einer Sitte alle Tag:
Aus ihrer Kammer, da sie lag
Und schlief, ging sie des Morgens früh
– Und wie ich höre, ließ sie's nie –
In ihren Garten, noch bevor
Die Sonn am Himmel stieg empor.
Gar nackt und bloß sie dorthin schlich,
Begoß mit Rosenwasser sich
– Das hatte sie in einem Glas –
Dort unterm Rosendorn im Gras.

Ich war gekommen gar verhohln,
Hätt von den Rosen gern gestohln:
Das konnt nun leider nicht geschehn,
Ich mußte durch ein Löchlein sehn,
Wer in dem Garten wäre.
O wunderliche Märe!
Erlaubt's mir meine Jungfrau nun,
So werd ich euch zu wissen tun,
Was ich im Kräutergarten sah,
Welch großes Wunder dort geschah;
Wollt Ihr's, so werd ich es erzählen,
Wollt Ihr es nicht, werd ich's verhehlen,
Dieweil man soll der Frauen Willen
Bestrebt sein allzeit zu erfüllen.
Ich schwiege still, damit man wüßt,
Daß was ich sag, die Wahrheit ist.
Ich hoff, daß ihr es nunmehr glaubt.
Indessen ist es wohl erlaubt,
Gar spaßhaft-seltsame Geschichten
Vor guten Freunden zu berichten.
Drum fahr ich fort denn kurzerhand.

Es ist den Leuten rings im Land
Von manchem Würzlein worden Kund:

Steckt man's 'nem Stummen in den Mund,
So spricht derselbe grad so gut,
Wie es ein jeder andre tut.
Das zeigte sich auch bei der Maid,
Die, wie sie es denn allezeit
Getan, aus ihrer Kammer kam
Und flugs den Weg ins Gärtlein nahm;
Das Wasser hatte sie dabei,
Daß es ihr wiedrum dienstbar sei.
Als sie nun unterm Dornbusch saß,
Geschah's durch eine Wurzel, daß
Die Fud zu ihrer Herrin sprach:
»Ihr leidet traun kein Ungemach
An Eurem ganzen Leibe.
Nur einzig meiner Bleibe
Kommt solcher Balsam nicht zugut,
Da Ihr mir nicht die Ehre tut!
Die Frau sah vorn an sich herab
Und sprach zur Fud: »Die Stimme hab
Ich wahrlich bisher nicht vernommen.
Sag an, wie ist es nur gekommen,
Daß du so redest wider mich?«
Da sprach die Fud: »Das kommt, weil ich
Ein Würzlein hab in meinem Mund;
Davon kann ich zu dieser Stund
Euch sagen, was ich immer mag.
Mich ärgert's, daß Ihr alle Tag
Es Euch ergehn laßt also wohl
Und ich davon nichts haben soll,
Daß man Euch liebt um meinetwillen,
Dieweil ich trauern muß im stillen.
Denn glaubt mir, wenn Ihr mein entbehrt,
Seid Ihr nur noch die Hälfte wert.«
Die Jungfrau sprach: »Wie geht das an?
Um deinetwillen sollte man
Mir dienen? Nein, das glaub ich nicht.

Ist's doch mein schönes Angesicht,
Ist's doch mein Leib gar wohlgestalt,
Darob die Lobesrede schallt.
Hört ich doch sprechen manchen Mann,
Daß er mich säh gar gerne an,
Daß er mit Wonne diente mir;
Und nun meinst du, es gälte dir.
Ich halt dafür, daß, wer dich sieht,
Ohn großes Lob von dannen zieht.
In deinem braunen Zottelkleid
Machst du am Bauch dich also breit,
Daß ich vor Scham gleich müßt vergehn,
Ließ ich dich irgend jemand sehn.
Wie kannst du da die Meinung hegen,
Man liebte mich nur deinetwegen!«
Nun merket auf und seid ganz Ohr,
Die Fud, die sträubte sich empor
Im Zorn. Sie hatte braunes Haar
Auf ihrem Kopfe, das ist wahr;
Und sprach also zu ihrer Fraun:
»Mag sein, daß man Euch gern mag schaun,
Seid Ihr doch in der Tat recht schön.
Doch tut mein Braun mir minder stehn?
Ein jeglich Ding man preisen soll
Nach seiner Art, steht sie ihm wohl.
Bin kraus und struppig allezeit
Und liege hingelagert breit
Am Bauch, zum Scheitel hoch und dicht,
So wie's meiner Gestalt entspricht.
Ihr sollt dagegen, Fraue mein,
Von rosaroter Farbe sein,
Recht minniglich und wohlgestalt;
Darob denn Euer Lob erschallt:
Doch all das dankt Ihr einzig mir.
Ich frag Euch, Fraue, meinet Ihr,
Nur Eure Schönheit hätt Gewicht?

Ihr hättet auch der Dienste nicht,
Womit man Eure Schönheit ehrt,
Man legte keinen großen Wert
Auf Euren schönen, schmucken Leib:
Sei's auch das allerschönste Weib,
Wenn es ihr an der Fud gebricht,
So fragt man nach der Schönheit nicht.
Nun wollt Ihr mich verdrängen
Und in ein Eckchen zwängen.
Fürwahr, das ist mir ewig leid.
Ja, mehr noch, das geringste Kleid
Laßt Ihr da vor mir hangen:
Und doch habt Ihr empfangen
Von Euren Werbern rings im Land
(Und zwar durch mich!) manch schön Gewand
Und edlen Schmuck im Überfluß,
Dieweil ich wohl entbehren muß
Das allerkleinste Spänglein zier,
Daß ich es steckt ins Haupthaar mir.«
Die Jungfrau an sich niedersah,
In großem Zorne sprach sie da
Zur Fud: »Pfui, laß dein Kläffen sein!
Ich sollte die Kleinodien mein
Dir geben? Wäre das wohl schicklich?
Fahr hin, verlaß mich augenblicklich,
Verwünschtes, schwarzes Ungeheuer,
So rauh als wie ein Ebenteuer,
Das in der Meerestiefe haust,
So scheußlich, daß es einen graust.
Fürwahr, ich kann dich leicht entbehrn,
Doch ob *du* ohne mich kannst währn,
Wird sich erst zeigen; du bist schuld,
Daß du verloren meine Huld –
Dein Kläffen, ekelhaftes Tier,
Gereicht zu großem Schaden dir.
Ich möcht doch sehn, wer von uns zwein

Den Leuten wird willkommner sein:
Ob du, Verruchte, oder ich.«
Mit vielen Zähren trennte sich
Die Fud von ihrer Fraue.
Zu einer grünen Aue
Ging da die Fud und ward nicht mehr
Gesehn. Die Jungfrau (wie ich hör)
Zog es zu ihresgleichen hin.

Nun stund einem Scholarn der Sinn
Nach dieser minniglichen Maid,
Hatt ihr gedient schon lange Zeit,
Dem wollt gewährn sie seine Bitt;
Sie tat's vor allem wohl, damit
Sie alsbald innewerden möcht,
Ob ihres Liebsten Minne echt,
Ob er da diente ihrer Jugend,
Der Schönheit oder ihrer Tugend
Oder ob ihr am End auch er
Der Fud zulieb nur dienstbar wär.
Als nun der Schüler ward gewahr,
Daß sie der Fud so gänzlich bar,
Hub lauthals er zu klagen an
(Und wer verargt's dem jungen Mann),
Hatt ihr gedient so manchen Tag,
Wie man wohl Frauen dienen mag.
Es dauerte nun nicht mehr lang,
Da wußte man, woran sie krank,
Da wurd sie denn im ganzen Land
Nur noch die »Fudlose« genannt.
Mit Fingern zeigte man auf sie
Und sprach: »Die Fudlose ist hie!«
Ging sie vorüber einem Mann,
So schaute der sie gar nicht an,
Grad so, als tät er sie nicht sehn,
Mußt also leiden mannig Schmähn

Von Reichen und von Armen;
Sie lebte zum Erbarmen,
Ihr ganzes Leben ward ihr leid.

Nun geb ich von der Fud Bescheid,
Wie's *ihr* erging auf ihrer Fahrt.
Wo immer sie sich sehn ließ, ward
Auch ihr gar übel mitgespielt,
Weil man sie für 'ne Kröte hielt.
Mocht sie sich noch so sehr verrenken,
Das Augenmerk auf sich zu lenken
(Sie hatt es, man wird das verstehn,
Grad auf die Männer abgesehn),
Dacht gar am End, man sollt sie grüßen –
Nun denn, man stieß sie mit den Füßen
Und marterte die Arme so,
Daß sie mocht nimmer werden froh
Und tiefbekümmert zu sich sprach:
»Was leid ich nur für Ungemach,
Seit meine Torheit mir da riet,
Daß ich von meiner Frauen schied,
War angesehner doch bei ihr;
Sie sagte nur die Wahrheit mir.
Nun muß ich viel Beschwernis dulden,
Ich will um meiner Jungfrau Hulden
Mich mühn, so gut ich immer kann.«

Die Jungfrau war nicht besser dran:
Litt sehr unter der Leute Schmähn,
Das sie mußt Tag für Tag bestehn.
Bewegte eines nur im Sinne:
Wie sie die Fud zurückgewinne
Und damit ihre Seligkeit.
Da ging denn auf gut Glück die Maid
Zu jener Wegescheide,
Wo sie getrennt sich beide,
Die Fud und ihre Fraue.

Kam da doch aus der Aue
Die Fud herbeigegangen;
Wie liebreich ward empfangen
Die eine von der andern da,
Wie froh man sie mitsammen sah.
Sie klagten sich ihr Ungemach,
Erwähnten der erlittnen Schmach –
Will euch mit dem Geschwätz nicht plagen
Und darum nur in Kürze sagen:
Die Jungfrau nahm die Fud zu sich.

Da wandte sie sich denn an mich
Und sprach: »Nun rate du mir recht,
Denn meine Sache steht gar schlecht.
War mir doch meine Fud entkommen,
Hab sie zwar wieder aufgenommen,
Doch brauch ich deinen Rat dazu
Was ich am allerbesten tu,
Den Männern anzuzeigen,
Daß sie mir wieder eigen.
Und lehr mich auch, sie zu behalten,
Du kannst der Sache leichtlich walten,
Daß ich sie halt mit klugem Sinn
Und sie mir fürder nicht entrinn.«
Da riet ich denn dem schönen Weib,
Sie solle sich die Fud am Leib
Gar feste nageln lassen.
(Ich tät fürwahr nicht spaßen!)
Das holde Mädchen bat nun recht,
Daß ich ihr das besorgen möcht.
Den Wunsch erfüllt ich ihr gar schnell:
Ich setzte an die alte Stell
Die Fud, so gut es immer ging,
Worauf ich durch das lose Ding
Behende einen Nagel trieb;
Die Fud an ihrem Platze blieb.

Drum rat ich einem jeden Mann,
Der je ein liebes Weib gewann:
Er nagle auf das beste
Die Fud an ihr gar feste,
Daß sie ihr fürder nicht entrinne
Und er verlustig geh der Minne.

17

Das Gold und der Zagel

Wollt einst zu einer Linde gehn,
Da sah ich dort zwei Wesen stehn,
Die stritten sich voll Macht und Feuer;
Ich witterte ein Abenteuer.
Es warn der Zagel und das Gold,
Die Fraun sind ihnen beiden hold.

Da hörte ich den Zagel fragen:
»Nun, Gold, kannst du vielleicht mir sagen,
Was denn an dir so Großes sei?«
Das Gold erwiderte ihm: »Ei,
Schätzt mich denn nicht die ganze Welt?
Wird mir nicht ständig nachgestellt?
Trägt mich nicht jedermann im Sinn?
Erweist mir nicht die Kaiserin,
Deren Gewand ich zier, die Ehr?«
Die Red verdroß den Zagel sehr:
»Liegt darin denn die Größe dein,
Daß man dich schließt in einen Schrein,
Daß man dich hängt an ein Gewand?
Es ist vor Gott 'ne wahre Schand.
Auch muß man dich mit Müh erst brechen,
Dieweil ich kann ins Löchlein stechen,
Und ich geb gute, harte Stich,
Drum schätzt die Frau mich mehr denn dich.«
Das klang dem Gold nicht wohl ins Ohr:
»Nun schweig, einfältger, dummer Tor!
Bist krumm von Wuchs und gliederlos,
Ein stumpfer, dumpfer Trauerkloß,
Und bist verurteilt in die Pruch,
Vor deinen Augen hängt ein Tuch,
Drin mußt du liegen wie ein Dieb.

111

Bist darum du den Frauen lieb,
So sollte man sie steinigen,
Sich so zu verunreinigen.
Du armer, überspannter Gauch,
Du liegst in einem bösen Rauch,
Manch übler Wind umfächelt dich.
Das mögen wohl die Frauen? – Sprich!«
Da sprach der Zagel zu dem Gold:
»Gar heftig ich dir zürnen sollt!
Ich acht dich für 'nen rechten Affen!
Hat Gott mich denn dazu geschaffen,
Beim Tanz den Reigen anzuführen?
Man soll mich in dem Löchlein spüren,
Da geb ich manchen wackern Stich,
Und derowegen schätzt man mich.«
Das Gold gab sich noch nicht geschlagen:
»So höre denn und laß dir sagen:
Die Ritter und die edlen Fraun,
Die mögen mich am liebsten schaun.
Muß stets an ihren Kleidern prangen,
Dieweil du in der Pruch gefangen,
In Finsternis und in Gestank,
Wirst sicherlich davon noch krank.«
Der wackre Zagel wohlgeborn
Zerriß die Pruch in wildem Zorn
Und wütete, als ob er wär
Im finstern Wald der grimme Bär.
Auch rupfte sich der arme Tropf
Die Haare einzeln von dem Kopf,
Weshalb er (wie ihr alle wißt)
Ums Haupt rum kahl geblieben ist.
Der Zagel sprach: »Du Gernegroß,
Liegst in der Kisten wie ein Kloß,
Dort in der Kisten bist du tot,
Im Feuer leidst du große Not.
Und wenn es dir auch nicht behagt,

So bin's doch *ich*, nach dem man fragt.«
Das Gold sprach: »Nun, wir werden's sehn.
Laß uns drum zu den Frauen gehn.«
Der Zagel macht' sich auf die Bein',
Das Gold schlich langsam hinterdrein.

Da wandelte von ungefähr
Ein Jungfräulein des Wegs daher.
Das Gold trug seine Rede für,
Der Zagel stand dicht neben ihr.
Die Fraue hörte ihren Streit –
Nie g'schah dem Zagel größres Leid.
Denn da sie noch den Jungfernkranz
Im Haar trug, stand nach Goldes Glanz
Der Minniglichen mehr der Sinn.
Sie sprach: »Mit ganzem Herzen bin
Ich, blankes Gold, dir treu ergeben,
Gibt's doch nichts Köstlichers im Leben.
Du bist mein Herr, ich bin dein Knecht.«
Dem Gold war dieser Schiedsspruch recht,
Der Zagel aber mußte schweigen,
In Demut vor dem Gold sich neigen.
»O holdes Glück, was ist geschehn,
Daß du mich läßt alleine stehn
An diesem kummervollen Tag?«

Erlaubt, daß ich ein Wörtchen sag:
Gäb solchen Fraun man rotes Gold,
Sie wären selbst den Wölfen hold.
Indes, wir wollen nicht vergessen,
Es sind nicht alle so vermessen,
Den Zagel zu vertreiben
Und bei dem Gold zu bleiben.
Das Gold will nicht zur Minne frommen –
Drauf war man schon gar bald gekommen.

Die Fraun begannen (ganz in Ehren!)
Den guten Zagel zu entbehren.
Empfanden großes Ungemach,
Und ihrer mehr als eine sprach:
»Ich gäb des Goldes hundert Pfund,
Hätt ich ihn hier zu dieser Stund!«
Als dies vernahm der gute Knapp,
Ließ er von seinem Vorsatz ab,
Tät endlich sich dazu verstehn,
Hin wieder vor die Fraun zu gehn.
»Ihr Urteil sie von Herzen reut,
So tret ich vor sie hin denn heut,
Hab ich nur eine erst gestochen,
Hab ich an ihnen mich gerochen.«
Er kam zu einem kühlen Bronnen,
Der lag da in der heißen Sonnen,
Und sprach: »Will mich hier niederstrecken,
Wenn mich auch niemand sollte wecken,
Verschlaf ich meinen Kummer doch.«
Er legte sich vors Brunnenloch.

Da nahte eine geile Magd,
Die auch den Zagel einst verklagt,
Sich raschen Schritts besagtem Bronnen,
Sah da den Zagel in der Sonnen.
Ganz leis das Mädchen näher schlich,
Sie dacht: »Könnt ich nur fangen dich!«
Der Zagel sprach: »Wo kommst du her?
Gern bin ich dein Gefangener!«
Worauf sie dreist ganz nah hin ging,
Mit beiden Händen ihn umfing –
Und stieß ihn zwischen ihre Bein;
Er war grad recht und nicht zu klein.
Drauf trat das Maidlein wohlberaten
Vor ihrer Herrin Kemenaten
Und sprach: »Hört, liebe Fraue mein,

Ich bitt Euch, wollt mir gnädig sein.
Ihr sollt mir geben Burg und Land,
Ich bring den Zagel in der Hand.«
Die Herrin sprach: »Ich mein, du lügst.
Was soll es, daß du mich so trügst?«
Da zeigt' die Maid den Zagel her
Und fragte: »Wie gefällt Euch der?«
Die Herrin sprach: »Ach, gib ihn mir;
Was du begehrst, das schenk ich dir.«

Die Frauen hielten großen Rat
Noch an demselben Abend spat,
Wie sie es möchten fertigbringen,
Den Zagel ewiglich zu dingen.
Sie labten ihn mit gutem Wein,
Auf daß er sollt recht fröhlich sein,
Erhofften wohl auch sicherlich
So manchen guten, harten Stich.
Damit er aber häuslich bliebe
Und nicht wie ehedem es triebe,
Beschloß man bei dem muntern Zechen,
Ihm beide Augen auszustechen;
Ohn Augen wüßt er nicht wohin. –
Der Rat war ganz nach ihrem Sinn.

So stach man ihm die Augen aus,
Daß er war blind (es ist ein Graus!)
Und hängte sie dem Weib
Vorn oben an den Leib.
Sie trägt sie da noch heutzutag;
Wer's mir nicht glauben will, der mag
Nur selber nachsehn, so er kann.
Greift nun der Mann die Frau dort an,
Wobei sie süß und zärtlich lacht,
Der Zagel in der Pruch erwacht,
Streckt wohlig alle seine Glieder

Und meint, er kriegt' die Augen wieder.
Doch das kann leider nun nicht sein.
Wir sollten einen guten Wein
Mit unsren edlen Frauen trinken
Und miteinand zu Haufen sinken.

So hat die Mär vom Gold ein End,
Wobei ich allen Frauen send
'nen Zagel, dritthalb Spannen lang
(Er wird so leicht bei keiner krank),
Dazu 'nen Haufen rotes Gold;
Ich weiß, daß unsre Frauen hold
Sich mehr an diesen zwein ergetzen
Als an des Kaisers seltnen Schätzen.

Frau Agnes schickt nach einem,
von dem sie meint,
daß er zween Bundschuh habe

Ein junger schlechtgekleideter Gesell kam einmal in ein Wirtshaus, darin eine edle Witfrau zur Herberge lag; welches Handels wegen, ist mir unbekannt. Die Frau hatte sich eine Weile auf das Bettlein gelegt, das in der Stuben war und von dem der gute, junge, schöne Gesell nicht weit entfernt saß. Ich weiß nicht, was ihm in den Sinn kam oder was er dachte, ei nun, das Herz hinterm Latz wischte ihm empor und fuhr gestreckt neben dem Latz heraus. Das hatte die Frau wohl eher als der Jüngling wahrgenommen; doch sobald er das seltsame Tier heraußen sah, tät er es voller Scham wieder hinein. Nun hatte aber der Latz an der Hose nicht mehr denn eine Nestel; und wie er ihn auf der einen Seite hineintät, fuhr ihm der Gottesdieb und Bösewicht zu der andern Seite wieder heraus. Welches die Frau alsbald sah; dachte bei sich, daß sie mit ihm ihren Willen pflegen wollt, und ließ dem Gesellen bald zu essen geben.

Und als der Tag vergangen, die Nacht herbeigekommen und jedermann zum Schlafen gewiesen wurd, tät die Frau dem guten, jungen Gesellen durch eine ihrer Mägde zu wissen, daß er zu ihr kommen sollt; sie hätte etwas mit ihm zu reden. Der gute Gesell war der Botschaft froh, dacht wohl, daß Metzensonntag wär, dieweil die schönen Fräulein nach ihm schickten; säumte nicht, sprang auf die Füß und ging mit der Magd in der Frauen Kammer. Und als sie den Jüngling bei sich sah, schaffte sie jedermann hinaus und erzeigte sich freundlich gegen den Gesellen, setzte sich mit ihm auf das Bett. Der gute Junge sah wohl, was er zu tun hatte und warum nach ihm geschickt worden war; fing an, mit der Frau zu scherzen, und tat in kurzem ihrem Willen Genüge.

Da tät ihn denn die Frau unter anderm fragen: sie hätt

wohl gesehen, daß er zween hätt, und ob's noch mehr Leute gäb, die also wohl ausstaffiert wären. »Nein«, sagte der Jüngling, »ich bin durch besondere Gnad von Gott also begabt worden; weiß es von niemandem sonst denn von mir.« Die Frau glaubte es dem Jüngling aufs Wort und begehrte auch den andern zu versuchen. Und der Jüngling, der nun etliche Meilen auf dem einen Roß geritten war, saß auf und ritt noch manche Meile vor Tag.

Ich weiß nicht, wie es der Jüngling mit der Frau trieb, indes, er gefiel ihr so wohl, daß sie ihn nicht mehr von sich lassen wollt. Behielt ihn etliche Wochen bei sich, kleidete ihn ganz aufs neu und hätt ihn wohl gern, wenn es des Jünglings Wille gewesen und ihr daraus nicht Schande entstanden wär, ganz bei sich behalten.

Aber dem Jüngling war's auf die Dauer nicht möglich, die Sach also heftig zu betreiben, nahm, nachdem etliche Tage vergangen, Abschied und zog von dannen, ließ die Frau in großem Unmut zurück.

Gott geb allen guten Gesellen solch gute Herberg! Amen.

19

Von dem Zwatzler ein gut Märlein

Da man denn wundersame Sachen
Den Leuten soll zu wissen machen,
So glaubt mir auch und höret, daß
Ein Bursch bei einem Mädchen saß.
Der tat wie mancher andre Mann:
Er fing um sie zu werben an.
Tät nach der Minne heiß begehrn,
Die wollt sie ihm nun nicht gewährn.
Sein ganzes Bitten war verlorn,
Sie sprach zu ihm: »Du machst mir Zorn!
Laß fürder drum dein Werben sein,
Des bitt ich dich, Geselle mein.«

Nun fuhr einmal ihr Vater stolz
Mit seinen Ochsen in das Holz;
Die Mutter war zum Markt gegangen.
Merkt auf, wie er es angefangen,
Der Bursch, als er es inneward.
Er rüstete sogleich zur Fahrt.
Und eilete herbei geschwind;
Das merkte unser schönes Kind.
Er sprach: »Mein Lieb, laß mich hinein,
Will ewiglich dein Diener sein.«
Sie sprach: »Wohlan, das tu ich gern,
Doch werd ich nimmer dir gewährn,
Worum du bettelst, mir zur Qual;
Das merke ein für allemal.«
Er sprach: »Mein Lieb, so soll es sein!
Du bist gesittet, klug und fein,
Dazu von lieblicher Gestalt,
Die Vorzüge sind mannigfalt;
Laß sie darum genießen mich,

Das bitt ich, Tugendreiche, dich!
Will für und für dich, Holde, preisen
Und Ehrerbietung dir erweisen.«
Er ließ es nicht an Worten fehlen
Und sprach: »Ich will dir nicht verhehlen,
Daß, sei es nun bei Nacht, bei Tag,
Mein Herz nicht Ruhe finden mag,
Ich leide Pein zu jeder Stund.
Das tu ich, schönes Kind, dir kund,
Sag dir und deinem Herzen
Von meinen großen Schmerzen,
Die ich, mein Lieb, erduld von dir.
Nun stille meine Sehnsucht mir!«
»Ich mein, du solltest besser schweigen,
Nie gebe ich mich dir zu eigen;
Was du da sprichst, muß mich verdrießen,
Wirst meine Minne nicht genießen.«
So sprach die Maid, und wie ich hör,
Geschahn der Reden einge mehr.
»Ich will nicht rasten und nicht ruhn
Und einzig deinen Willen tun!«
So bat der Bursch, »nur laß mich ein!«
Sie aber sprach: »Es kann nicht sein!
Du stürzt mich nur in große Not,
Käm meine Mutter, ich wär tot.«

Ich weiß nicht, wie er's fertigbracht,
Daß sie ihm dennoch aufgemacht.
Der Knabe war gewitzt und klug.
Das er da unterm Rocke trug,
Begann zu toben und zu leben,
Mit aller Macht hervorzustreben.
Sie fragte ihn, was das wohl wär.
»Mein Zwatzler ist's, bei meiner Ehr.
Kann seiner wahrlich nicht entraten,
Auch schickt zu ganz besondren Taten

Der wackre Bursche sich aufs best:
Wer sich von ihm fein streicheln läßt,
Dem kann es nimmer schlecht ergehn.
Soll er bei dir den Dienst versehn,
Ich unterzieh mich gern der Müh.«
So sprach der Bursch. Ich weiß nicht, wie
Er's angestellt. Doch fest steht dies,
Daß sich das Maidlein streicheln ließ.
Das tat so gut, das war so fein,
Sie spürte weder Arm noch Bein
Noch irgendeines ihrer Glieder;
Und als sie nun bei Sinnen wieder,
Bat sie den guten Zwatzler sehr,
Daß er nur ja nicht zaghaft wär.
»Du bist mir recht ein wackrer Mann,
Der manches hübsche Kunststück kann;
Ei, hätt ich dich zuvor gekannt,
Ich hätt dich sicherlich ermahnt,
Daß du wärst Bruder worden
In dem geheimen Orden,
Dieweil du bist ein rechter Held.
O weh, um mich ist's schlecht bestellt,
So du nicht wiederkommst zu mir
Und deinen Zwatzler bringst mit dir.
Kommst du zu mir, mein holdes Glück,
So laß ihn nicht daheim zurück. –
Für jetzt bitt ich recht inniglich,
Geliebter Knab, um Zugab dich.«
»Es ist«, so sprach er zu der Maid,
»Für mich die allerhöchste Zeit.
Ich mein, es tät uns wenig frommen,
Wenn deine Mutter sollte kommen.«
Das Mädchen sprach mit süßem Mund:
»Viellieber Knab, ich tu dir kund:
Sie ist gewöhnlich lange aus
Und kommt fürs erste nicht nach Haus.

Ach bleib doch noch ein Weilchen hier,
Mein Herz verlangt so sehr nach dir.«

Der Bursch ließ sich nicht länger bitten;
Daß sie an Langeweile litten,
Das glaub ich kaum. Doch hört, o Graus!
Die Mutter kam vom Markt nach Haus.
Da gab es nun ein groß Geschrei,
Die Alte zog ihr Kind herbei
Und gab ihr manchen harten Streich,
Daß sie ward grün und blau und bleich.
Inzwischen auch der Vater kam,
Den denn nicht wenig wunder nahm,
Was er von seiner Tochter hörte,
Worob er sich gar sehr empörte,
Weshalb er denn um guten Rat
Von seiten der Verwandtschaft bat.
Und als man nun zu ihm gekommen,
Da ward ein Ratschlag angenommen,
Der von dem Ältesten erging:
Daß man den Burschen nämlich fing';
Hätt man ihn erst einmal gefangen
So sollt er auch gewißlich hangen.
Der Ratschlag dünkte ihnen recht.
Bald faßte man den armen Knecht.
Sie machten ihm das Leben streitig.

Als nun der Tag kam, ging gar zeitig
Der Vater zu dem Richter hin
Und sagte ihm, was er im Sinn.
Auch drangen die Verwandten sein,
Die mitgekommen, auf ihn ein,
Beschuldigten den Burschen schwer,
Daß er geraubt des Mädchens Ehr,
Und boten dar zur gleichen Stund
Dem Richter an die sechzig Pfund;

Die sollte er zum Lohn erhalten,
Tät er nur seines Amtes walten.
Er sollte das Gericht bestellen
Und ein gerechtes Urteil fällen.
Als das Gericht sich etabliert,
Ward unser Bursch herbeigeführt,
Bald traten auch die Kläger ein.
»Nun, klage an, feins Jungfräulein!«
Da tät das Mädchen ohne Zagen
Zu dem gestrengen Richter sagen:
»So hört, ich schwöre einen Eid,
Der Bursche tat mir nichts zuleid;
Der Zwatzler, den er mitgebracht,
Hat mich vielmehr sehr froh gemacht,
Bin ich doch noch der Wonne voll.
Ich weiß nicht, was ich sagen soll.«

Nun war dem Richter nicht bekannt,
Was unter »Zwatzler« sie verstand.
Sie sprach: »Auch ich weiß nicht mehr, als
Daß er gleicht einem Gänsehals.«
Da war dem Richter wohl bekannt,
Was unter »Zwatzler« sie verstand.
Er hielt darum die Umfrag nun,
Was mit dem Sünder sei zu tun.
Die Schöffen kamen überein,
Man sollt vom Zwatzler ihn befrein.
Ein Haustock ward herbeigetragen,
Ihm drauf den Burschen abzuschlagen.
Man gab der Maid, die noch da stand,
Ein scharfes Messer in die Hand
Und hieß den Jüngling, seinen Recken
Ohn Zaudern auf den Haustock strecken.
Schon wollte sie den Wackern fällen,
Da tät er in die Höhe schnellen.
Sie warf das Messer weit von sich.

»Vißlieber Knecht, erkennst du mich?«
Doch zu den Leuten sprach die Maid:
»Ihr, die Ihr hier versammelt seid,
Könnt sicher nur den Zwatzler loben.
Mit Züchten hat er sich erhoben,
Mit Züchten legte er sich nieder;
Er ist mein Freund, 's gibt nichts dawider.«
Zum Richter sprach sie unverzagt:
»Was meine Leut Euch zugesagt,
Das heißet sie getrost Euch geben.
Indes, den Zwatzler laß ich leben.
Da denn an mir das Richten ist,
So schenk ich ihm zu dieser Frist
Den Frieden: Mög er ledig sein!«
Zum Zwatzler sprach das Mägdelein:
»Also vernimm denn gute Mär:
Sollst leben ohn alle Beschwer.
Müßt ich einst außer Landes wandern,
Wünscht ich zum G'fährten keinen andern.
Gar liebevoll warst du zu mir,
Das will ich ewig danken dir.«
Und da er nicht der Mittel bar
Und auch von guten Eltern war,
Nahm die Geschicht ein glücklich End. —
Ja, wenn man solchen Richter fänd!

Von dem Preller

Es hatten einmal Frau und Mann
Ein Töchterlein gar wohlgetan;
Die durft zur Ehe keinen nehmen,
Es sei, er täte sich bequemen,
Zuvor mit ihr ins Bad zu steigen;
Auf diese Weise sollt sich zeigen,
Ob er auch gänzlich makelfrei
An seinem jungen Leibe sei.
So ward denn mancher mit ihr naß,
Doch immer fand sich irgendwas,
Um dessentwillen man verwehrte,
Wonach der Bursch so heiß begehrte.
Das ging nun so jahrein, jahraus,
Das Mädchen blieb im Elternhaus,
War nunmehr in den besten Jahren,
Doch in der Minne unerfahren.

Da kam ein Jüngling, witzig, klug,
Von edler Abkunft, reich genug;
Der sprach: »Gefällt Euch nun mein Leib? –
Gebt Ihr die Tochter mir zum Weib,
Werd ich ihr treu zur Seite stehn.«
Der Vater sprach: »Das mag geschehn.
Doch wollt zuvörderst mit ihr baden,
Ihr leidet davon keinen Schaden.«
In kurzem war das Bad bereit,
Er folgte ungesäumt der Maid.

Er sah sie an, sie sah zurück,
Und oft verweilete sein Blick,
Wo man die Frauen heißet Weib.
Sie hatte einen schmucken Leib,

Wie sich ein Mann ihn wünschen mag.
Da sprang hervor – hört, was ich sag! –
Der Seinige gar ungehemmt,
Den er zwischen die Bein' geklemmt.
Des schämte sich der Knabe sehr,
Das Mädchen schämte sich noch mehr,
Und sie verließ in hellem Zorn
Den nackten Jüngling wohlgeborn.

Die Mutter fragte nun ihr Kind,
Wie es den neuen Freier find.
Sie sprach: »Soll ich die Wahrheit sagen,
So hab ich wenig zu beklagen,
Würd ihn wohl auch zur Ehe nehmen.
Doch ist er – des muß ich mich schämen –
An einer Stell so ungefüg,
Daß ich ihn wahrlich nicht ertrüg.«
Die gute Mutter mußte lachen:
»Ich lehre dich ihn kleiner machen.
Als mich dein Vater ehelichte,
War's just die nämliche Geschichte.
Die Mutter lieh mir eine Scher,
Damit ich, wenn ich bei ihm wär,
Den Seinen etwas kappen sollt.
Seitdem ist mir das Glück nicht hold.«

Man gab ihm, nach des Landes Sitt,
Zum Eheweib die Tochter mit.
Er führt' sie in die Heimat sein,
Gar lieb war ihm das Mägdelein.
Als sie nun so gesessen,
Getrunken und gegessen,
Bestieg der Bräutgam sonder Leid
Mit seiner minniglichen Maid
Das Hochzeitsbette, weich und gut,
Gar freudenreich war ihm zu Mut.

»Soll ich«, tät sich die Jungfrau sorgen,
»Ihn heut beschneiden oder morgen?
Will warten bis zum neuen Tag,
Da ich dann besser sehen mag.
Am End erwischte ich zu viel
(Drum laß für heute ich das Spiel),
Müßt gar erdulden großes Leid
Wie meine Mutter all die Zeit.«

Ich weiß recht wohl, was er begann:
Er zeigte sich als rechter Mann;
Die Jungfrau aber dünkt es gleich
Der ewgen Wonn im Himmelreich.
Sie dacht wohl auch noch an die Scher:
»Es dauert mich fürwahr nicht sehr,
Daß ich sie heute nacht vergessen;
Er paßt, als sei er angemessen.«
Hier endet sich die Mär vom Preller,
Den man auch heißt den wackern Schneller.
Er hänget gar alleine
Dort nieden bei dem Beine.
Der diese Zeilen hat geschrieben,
Ist ohne schönes Weib geblieben.

21

Ein Mann sagt, er hätt noch
ein kleines Zipfelein

Es hatte einmal ein Biedermann ein Weib, die nahm es alle Zeit gar übel, wenn er solche Sachen, die man jenseits des Rheins zu treiben pflegt, mit ihr trieb. Ich weiß nicht, wie er mit ihr umging. Doch sagte sie allerwegen: »Nun wärest du mir viel lieber, wenn du keinen hättest und still lägest, als daß du so unruhig bist.«

Da dachte der gute Gesell: »Wie machst du es doch, daß du erfahren möchtest, wie lieb dich deine Frau hätt, wenn du keinen hättest?« Und eines Tages ging er hin und ließ einen Darm voll Blut füllen, ging heim, nahm eine Axt und fing an, etwas zu hauen. Da er solches ein Weilchen getan und es ihm an der Zeit schien, zog er sein gemachtes Würstlein hervor und hieb es entzwei, also daß der Haustock voller Blut war. Rief alsogleich nach dem Weib, die zu derselbigen Zeit in der Küche war, und sprach: »O weh, o weh, meine liebe Hausfrau, ist's mir doch übel ergangen! Ich hab meinen Puphahn ganz und gar abgehauen. Da siehest du noch das Wahrzeichen.« »Du nichtsnutziger Mann«, sagte die Frau, »wer will jetzt bei dir sein, da du keinen mehr hast? Wem willst du jetzt nütz sein?« Band alsbald ihren Plunder zusammen und wollt davon; sprach zum Mann: »Ei, du niemand nützer Mann, jetzt hause du allein! Ich will mir einen suchen, der mir das Häuslein putzen kann.«

Als nun der Mann die Biederkeit seines Weibs sah und wohl erkannte, daß sie ohne solch Ding nicht bleiben möcht, sagte er: »Ei, komm her, Frau! Ich hab noch ein kleines Stümpflein.« »Ach«, sagte die Frau, »so will ich bei dir bleiben. Es ist doch besser ein Zipflein als gar nichts.«

Von tölpelhaften Bauern, einfältigen Maidlein und alten Freiern

Das fünfte Kapitel

22

Eine Fabel von eines Bauern Sohn zu Seck,
eine Meile von Füssen, der ein Weib nahm,
die keine hatte; da ließ der Bauer ihr eine machen
bei einem Schuster zu Füssen

Es ist vor einiger Zeit ein alter Bauer gesessen zu Seck, eine Meile von Füssen, dieser Bauer hieß Hirnwurst und war sehr reich. Es hatte aber der Bauer einen Sohn, der war zwar erwachsen, aber ganz unwissend. Nun sah sich sein Vater nach einem Weib für ihn um, vermeinte, er sollt gescheiter werden, wenn er ein Weib hätte. Ward also eines Bauern Tochter gefunden, eine schöne Dirn, die war recht brav, hatt es wohl nötig; die gab man des Bauern Sohn zum Weibe. Als sie Hochzeit hatten, da sagte die Mutter zu ihm: »Wenn du dich zur Nacht niederlegst, so greif deine Braut fein oben um die Brust herum an! Alsdann wird sie dich zwischen die Beine weisen und dir zeigen, wo das Ding an deinem Bauch hingehört.« Der junge Hirnwurst sprach: »Das will ich wohl tun, ich will mich fein freundlich erzeigen.«

Als man sie zur Nacht niedergelegt, da nahm der junge Hirnwurst seine Braut und halste sie, auch griff er ihr an die Brust und unter die Arme, werkte also mit ihr hin und her. Die Braut sprach: »Mein lieber Hirnwurst, was suchst du?« Er sagte auf gut deutsch: »Ich such die Fud.« »Oh«, sprach sie, »ich hab keine.« »Ei«, sprach der Hirnwurst, »hätt ich das gewußt, ich wollt dich nicht genommen haben.« Sie sprach: »Wenn du denn so gern eine hättest, ich weiß einen Schuster zu Füssen, der macht mir wohl eine.« »Ja wahrlich«, sprach der Hirnwurst, »ich muß eine haben, und sollt sie zwanzig Gulden kosten.« Setzte seine Braut am Morgen auf einen Wagen und führte sie auf Füssen zu, vermeinte also, sie hätt keine. Ich glaub, sie hatte einen Haufen Hoden vor dem Arsch gehabt, es hätt sie einer kaum an einem Tag zum Fenster hinausgeworfen.

Als sie vor des Schusters Laden kamen, hielt der Bauer an. Der Schuster ging heraus, der Bauer fing an und sprach: »Lieber Meister, es hat mein Weib keine Fud. Könnt Ihr nicht eine machen?« Der Schuster sah sehr bald, was für einen Vogel er vor sich hatte; war auch mit nasser Lauge gewaschen, sprach: »Ja, mein lieber Bauer. Sie wird aber viel kosten.« Da sprach der Hirnwurst: »Was wird sie denn kosten?« Der Schuster sprach: »Ich brauch zwei preußische Fell, auch brauch ich einen Zentner Schmalz; endlich müßt Ihr mir sechs Gulden fürs Zuschneiden und meinem Gesellen vier Gulden fürs Machen geben.« Der Bauer sprach: »Kann ich's mit zwanzig Gulden ausrichten?« Der Schuster sprach ja. »Ei«, sprach der Bauer, »nun steige herab, so will ich mit dem Schuster gehn und das Schmalz und das Leder kaufen.«

Die Bäurin ging in den Laden, und der Bauer und der Schuster gingen miteinander dahin. Als sie das Schmalz kauften und der Hirnwurst sah, daß etliches gelb und garstig war, sprach er: »Lieber Meister, nehmt mir kein stinkendes Schmalz dazu! Ich will Euch eher ein Viertel mehr kaufen.« Der Schuster sprach: »Nun wohlan, so nehmen wir einen Viertelzentner mehr.« Zahlte also der Hirnwurst das Schmalz und auch das Leder. Trugen's miteinander heim.

Als sie heimkamen, hielten sie miteinander den Leikauf, machten aus, daß der Bauer dem Schuster vier Gulden geben sollt und dem Gesellen zwei Gulden und für die Bäurin einen Gulden die Woche als Kostgeld. Denn der Schuster sprach: »Lieber Bauer, sie darf die Zeit über nichts Schlechtes essen.« Der Bauer sprach: »Wie bald könnt Ihr mir's machen?« Der Schuster sprach: »In vier Wochen.« »Lieber Meister«, sprach der Bauer, »macht mir's fein sauber und recht!« »Ei, Ihr braucht keine Sorg zu haben«, sprach der Schuster. Also schied der Hirnwurst von dannen und zog heim.

Es hatte aber der Schuster einen starken jungen Knecht; zu dem legte er des Bauern Weib, der mußt ihr eine Fud machen. Als die vier Wochen vergangen waren, da kam der

Bauer mit einem Karren und wollt seine Bäurin holen. Als er vor des Schusters Haus kam, stieg er ab und ging zum Laden hinein. Da ihn der Schuster erblickte, empfing er ihn. Der Bauer sprach: »Meister, ist meine Fud gemacht?« Der Schuster sprach ja. Da zählte ihm der Bauer das Geld auf und zahlte den Schuster, auch die Kost und den Gesellen, setzte seine Bäurin auf den Karren und fuhr nach Haus.

Als er nun auf dem Weg war, sprach er: »Hör, Liebe, laß mich sehen, wo hat er sie dir hingesetzt?« Suchte der Narr also wieder oben herum um die Brust. Die Bäurin hatte einen Fuß auf das Karrengestell gesetzt. Da sie sah, daß der Hirnwurst stets oben herum sah, sprach sie: »Du Narr, wo siehest du hin? Sieh da hinunter!« Und wies ihn also zwischen die Beine. Der Hirnwurst sah hinab und sprach: »Ei, das Leder hat er nicht alles gebraucht, aber das Schmalz hat er nicht gespart.« Griff also hinunter, da wurden ihm die Händ schmalzig; schmeckte auch daran. »Ei«, sprach der Hirnwurst, »hab ich ihm doch ein Viertel Schmalz mehr gekauft, daß er mir kein ranziges nehmen soll! So hat er's dennoch nicht getan und hat ein ranziges Schmalz genommen. Auch hat er wohl sonst keinen Platz gefunden, da er's hätt hinsetzen mögen, als so nah bei der Kotgassen? Ich wollt noch ein paar Gulden drum geben, wenn er's nicht so nah an die Kotgassen gesetzt hätte.« Führte also seine Bäurin heim, die hatte jetzt eine Fud. Und bekam der Schuster Schmalz, auch Geld, und der Gesell vier Wochen zu pletzen, und ging es dem Bauern danach gleich wohl.

Darum, welcher ein Weib nehmen will, der frag sie zunächst, ob sie auch eine hätt; es würde sonst manchem zu viel werden, wenn er, um eine machen zu lassen, so viel bezahlen müßt; auch würden die Schuster zu reich. Wie ich auch Sorge hab, daß das Schmalz ausgehn möchte, wenn man zu jeder sollt fünfviertel Zentner brauchen; und würden die roten preußischen Fell noch teurer werden, sie sind eh nicht wohlfeil.

23

Von einem einfältigen Bauernknecht
und eines Bauern Tochter, welche nichts wußten von dem
nächtlichen Zins

Nicht weit von Basel liegt ein Dorf, das heißt Hüningen. Darin saß ein reicher Bauer, der hatte einen Sohn; der war brav und einfältig, arbeitete gern und tat, was Vater und Mutter ihn hießen; fragte auch nichts nach Pracht und Staat oder nach der Spinnstube, wie jetzt die Bauernknechte tun. Ja, würd einer im Winter nicht alle Nächt in die Spinnstuben laufen und löffeln oder fensterln, wie sie es denn heißen, er blieb nicht drei Tag im Dorf. Nach solchen Dingen fragte dieses Bauern Sohn nichts; sondern wenn er seine Arbeit verrichtet, so legte er sich nieder, dieweil die andern Bauernknechte umherzogen und wie die Ochsen brüllten.

Auch hab ich selber oft gehört, da ich über Land gereist und in den Dörfern gelegen, wie sie zur Nacht der Grete hofiert und geheult haben wie die Hunde; und wären wohl daheim in den Betten stille gelegen. Auch tun's die Bauern nicht allein, man kann's in den Städten auch. Wenn unsre Söhnlein vom Wein heimgehn, so muß das Metzlein solches wissen. Wer sagt ihr's? Da kommt das Söhnlein mit der Laute oder Geige oder Pfeife, macht also vorerst ein Späßlein und meint, es solle der Greten gefallen. Oh, es ist oft weit gefehlt und macht dich zum Narren. Hört sie's aber gern, so steht sie auf, legt nur das Hemdlein an und wirft das Röcklein über sich, tritt unters Fenster und gibt ihm ein Zeichen, daß sie da ist. Das gefällt dann dem Narren wohl, macht das Hofieren nur um so länger, und erfriert die Grete am Fenster und der Narr auf der Gassen; wär beiden nützer, sie lägen im Bett. Auch geht mancher, wenn er vom Wein kommt, in die Spinnstube und will buhlen, dieweil er voll ist; kann nicht viel, solang er nüchtern ist. Indes, man schaut ihm gar genau aufs Maul, und tut oft einer eine Rede, wenn er voll ist, daran er hernach sein Leben lang wiederzukäuen hat. Auch kauft manch einer im Rausch ein Stück Fleisch, das so leicht kein Wolf, selbst im ärgsten Winter nicht, fräße, und muß es, wieder nüchtern, dennoch behalten, und wenn's ihm noch so leid ist. Doch tun's die Söhnlein nicht allein, die Handwerksgesellen können es auch. Wenn sie aus dem Wirtshaus heimziehen, so spricht der eine zum andern: »Lieber, geh mit mir! Wir wollen meinem Buhlen ein Liedlein singen und hernach deinem Buhlen auch.« Und hat also ein jeder seinen Buhlen im Sinn; meint der Geck, wenn er ihr gute Worte gibt, so hat sie ihn lieb. Und hat mancher wohl zehn solcher Buhlen, muß einer jeden vor der Tür heulen, eh daß er heimgeht, buhlt so die ganze Woche; und wenn der Sonntag kommt, so muß er dennoch allein liegen. Wenn er dann kommt und läßt seine liebliche Stimm erschallen, so sind die Jungfrau oder die Magd flugs bei der Hand und brunzen. Und hat er ausgeheult und schreit dann: »Leucht heraus, du lichter Morgenstern!« so nimmt sie den Hafen und wirft ihn dem Narren nach, so lieb ist ihr sein Heulen. Und will also mancher, dieweil er voll ist, ihrer zehn haben. Wenn er eine ein Jahr lang hat, so wollt er, sie lief in den Wald und wär ein Wolf.

Kein solcher Narr war dieses Bauern Sohn, aber er war sonst gar unwissend und unerfahren. Als er nun erwachsen und mündig ward, da gaben ihm seine Eltern ein Weib, auch eines Bauern Kind zu Hüningen. Die war ebenso unwissend und unerfahren, derer man jetzt nicht viele findet, sonderlich unter den Bürgermädchen. Will einer eine Brave herausklauben, so muß er kommen, derweil sie noch in der Wiegen liegt. Sobald man ihr ein Paar Schuh kauft um sechs Kreuzer, so weiß sie besser, wo das Vorderteil hingehört, als so mancher, der wohl an die drei oder vier Jahre hausgehalten; und mußt dich nicht sorgen, so du ihr den Narren in die Hand gibst, daß sie ihn unter den Gürtel schiebe; aber ein Stückchen unterhalb des Gürtels wird sie ihn sicherlich hinstecken. Daß sie alle so sind, sag ich nicht; aber doch findet man ihrer wenige, die so unwissend sind wie diese Magd oder Bauerntochter.

Da sie nun Hochzeit gehabt und einige Tage hausgehalten, da kam die Schwieger und wollt sehen, wie ihre Tochter und der Eidam hausten. Die Tochter saß und spann, der Eidam war auf dem Hof und tat allerlei nötige Hausarbeit. Die Schwieger grüßte ihn, der Eidam dankte ihr. Sie sprach: »Wie geht's dir?« Er sprach: »Gut.« – »Haust ihr wohl miteinander?« Er sprach: »Ja!« Sie fragte auch ihre Tochter. Die sagte dergleichen. »Wie haltet ihr es aber zur Nacht?« Denn die Schwieger kümmern sich allezeit um das Nötigste; und wenn sie sehen, daß ihre Töchter mit des Leibes Notdurft, als da ist Essen, Trinken, Kleider und Hausrat, wohlversorgt sind, so wollen sie doch auch, daß ihre Töchter mit dem Nachtzins versehen sind, von welchem diese zwei nichts wußten. Der Eidam sprach: »Was sollen wir denn tun? Wir liegen halt und schlafen.« Die Schwieger sprach: »Ei, das ist nicht recht. Du mußt es ihr machen wie der Hahn der Henne, wenn ihr ins Bett geht. Denn davon bekommt ihr feine Kinderlein und mehret euch, auf daß euer Geschlecht nicht untergeht.« Der Eidam sprach: »Das kann ich schon tun.« Und ging die Schwieger also wieder heim und kümmerte sich nicht weiter darum.

Als sich nun die zwei zur Nacht niederlegten, da wischte der junge Bauer über sein Weib her und legte sie auf den Bauch, hieb ihr mit den Zähnen hinten in den Nacken und riß und biß sie gleich wie der Hahn die Henne, so daß ihr der Nacken ganz rot ward. Das gute Mädchen wagte nichts zu sagen, denn sie hatte wohl gehört, daß ihn die Mutter solches geheißen. Man hätt aber leicht eine andre gefunden, die da gesagt hätte: »O Narr, willst du mich fressen?«

Wie denn einmal einer zu Nürnberg eine Wirtstochter nahm; und als sie sich zur Nacht niederlegen wollten und in der Kammer waren, bevor sie sich ausgezogen, da machte sich der Bräutigam an die Braut, zog sie fein fleißig und freundlich an sich, halste und küßte sie und machte seine

Sach auf das liebreichste, meinte also, es sollt ihr gefallen, wie denn nicht unbillig. Denn Halsen und Küssen samt dem Angreifen macht einem das Herz frei, und kommt danach das andre auch. Als sich der gute Gesell also liebreich bemühte, da fängt das Bräutlein an und spricht mit dürren Worten: »O Narr, was tust du! Ich hab gemeint, du wollest mich brauten, so willst du mich fressen.« Hätt diese Bäurin auch also gesagt, sie hätt nicht unrecht geredet; aber sie wußt es nicht anders, als wie es die Mutter sie gelehrt.

Nach acht Tagen kam die Schwieger abermals. Da sie ihre Tochter also zerzaust und traurig sah, sprach sie: »Was schaust du so traurig drein, meine Tochter?« »Ja«, sprach sie, »du bist eine feine Mutter, hast meinen Mann gelehrt, er soll es mir machen wie der Hahn der Henne; und hat er mich also schier umgebracht.« Zeigt' ihr hiermit, wie er ihr den Kopf zerbissen. Die Schwieger rief den Eidam, fragte ihn, wie er haushielte. Der sprach: »Hast du mich es doch geheißen!« Sie sprach: »Ei, ich hab das nicht also gemeint. Dein Weib, das hat ein Klüftlein an seinem Bauch wie dieser Stein. Da mußt du deinen Zipfel hineinstoßen.« Wies ihm hiermit ein Loch in einem großen Stein, welcher nahe bei ihnen lag; denn die Red geschah in des Bauern Garten, da lag ein Stück von einem Felsen. Der Bauer sprach: »Das kann ich schon tun.« Und ging die Schwieger abermals, dacht auch nicht weiter daran.

Als sie fort war, nahm der Bauer seinen Quoniam und stieß ihn in des Steines Kluft; da säß von ungefähr eine große Wespe in dem Loch. Und als der Bauer den Quoniam hineinstieß, setzte sich die Wespe darauf und stach den Bauern also übel, daß ihm der Quoniam mächtig schwoll, und fing ganz bitterlich an zu schreien: »Auweh, auweh, auweh!« Lief im Garten hin und her, als wäre er toll und unsinnig, bis sich der Schmerz wieder legte.

Am andern Tag kam die Schwieger wieder, dacht: »Ich darf nicht zu lang ausbleiben, daß er mir meine Tochter nicht ganz umbringt.« Und wie sie zur Tür hineintrat, sah sie der Eidam sauer an und sprach: »Ich glaub, du hast mich umbringen wollen.« Sagte ihr, wie es ihm ergangen sei. Die Schwieger sprach: »Ei, du bist ein einfältiger Kerl. Dein Weib hat ein feines zottiges Klüftlein am Bauch; da sollst du ihn hineinstoßen.« Er sprach: »Sage mir nur nichts davon! Du machst mich unsinnig.« Die Schwieger gab ihm so viel gute Worte, daß er sich endlich darein ergab; doch er wollt's nicht glauben, wollt erst sehen, ob keine Wespe darinnen wär. Die Tochter setzte den einen Fuß auf die Bank, und der Bauer sah hinunter. Ich weiß nicht, was er sah: vielleicht ein rotes Flecklein; da fing er an zu schreien und sprach: »Nein, laß mich in Ruh! Es sitzt die Wespe grad unter dem Loch. Wenn sie mich noch einmal stäch, ich müßt wohl sterben.« Die Schwieger gab ihm so viel gute Worte, daß er sich noch einmal überreden ließ, und er ging mit seinem Weib hinaus, gab ihr den Zins. Das tat der Tochter weh; und als er seinen Zins gegeben hatte, da mußte die Mutter noch lang mit der Tochter verhandeln, daß sie es öfter tät.

Und tät die Tochter grad so wie einstmals eine zu Regensburg. Der hatte einer nur einen Kreuzer zum Lohn gegeben, da er sein Sächlein gemacht. Da setzte die gute Bäurin den Fuß auf die Bank, sah hinunter und sprach: »Ei, daß dich Gott schänd mit deinem Kreuzer! Welch ein Loch hast du mir doch gemacht!« Meinte also, er hätt ihr nur einen Kreuzer zum Lohn gegeben und ihr dabei ein Loch gemacht, daß einer wohl die Faust hätt hineinstoßen können – wenn's größer gewesen wär.

Hatte die Schwieger also viel Sorge und Angst auszustehn, bis sie die Tochter und den Eidam richtig zusammenbrachte. Als das aber geschehen, da lebten sie in gutem Frieden miteinander, und tat ein jegliches, was dem andern gefiel; nicht mit dem Zins allein, sondern auch mit dem Haushalten und allen andern Dingen.

Wie viele Schwäher und Schwieger gibt's heutzutag, in all den Städten, Märkten, Schlössern, Flecken und Dörfern, die auch viel Müh und Arbeit haben mit Söhnen und Töchtern,

Eidamen und Schnuren! Wenn sie schon den Sohn zurechtbiegen, ist vielleicht die Schnur ungeraten; oder aber die Schnur haust recht, so ist der Sohn ein Nichtsnutz; desgleichen auch Eidam und Tochter. Ich wollt einem wohl ein Liedlein davon singen, will's aber bleibenlassen, damit es nicht noch schlimmer wird. Auch spricht der Cato: »*Melius est tacere quam male loqui*«, es ist besser stillgeschwiegen denn übel geredet; wie wohl ich nicht lügen noch übel reden wollt; will dennoch schweigen bis auf ein ander Mal.

Auch mögen sie an dieser Schwieger lernen, daß sie es fein ausführlich zeigen sollen, in Wort und Tat. »Ja«, möchtest du sagen, »wie hätt sich das geschickt, wenn sich die Schwieger zum Eidam gelegt hätte! Das wär eine rechte Ketzerei gewesen.« Ich red jetzt nicht von dem Nachtzins, ich red von treuem Unterweisen mit Worten und Taten.

An dem Bauern aber sollen die lernen, welche sich einer Sache befleißen – es sei ein Handwerk, welches auch immer, oder eine Kunst –, daß sie von Stund an nicht nur den bloßen Worten nachgehen, so ihnen der Meister etwas sagt (wie der Ulenspiegel, der alles nur nach den Worten tat), sondern sie sollen zunächst einmal zusehen und fein fleißig darüber nachsinnen, ob es sich auch schickt, und so es sich nicht schicken will, abermals fragen. Denn wenn einer wandert und weiß den Weg nicht, will auch nicht fragen, so geht er bald irre. Grad so will auch oft einer nicht fragen und verdirbt in einer Viertelstunde mehr, als er an einem ganzen Tag wieder zurechtzubringen vermag. Hätt der Bauer recht gefragt, er hätte seinen Quoniam nicht erst in das Wespenloch gestoßen, sondern hätt ihn von Anbeginn dahin gestoßen, wohin er ihn schließlich stieß. Auch machte seine Schwieger mit seinem Weib wieder Frieden und hausten wohl mitsammen, wie denn zwei brave Eheleut hausen sollen.

24

Eine Geschicht von eines Bauern Sohn, der die kleine Hausarbeit lernete um zehn Gulden und sich zuletzt den Quoniam abschnitt

Ein reicher Bauer ist vor Zeiten zu Langenau zwei Meilen von Ulm gesessen; der hatte einen Sohn, der war brav und einfältig. Es hätt ihm der Bauer gern ein Weib gegeben; aber was sollt er tun? Der Sohn war zu einfältig und nahm sich um keine Jungfrau noch um ein ander Weib an. Das kam daher, daß er von der kleinen Hausarbeit nichts wußt, gedacht also, es wär ihm sein Zipfel nur von Brunzens wegen gewachsen. Deshalb beschloß der Vater, seinen Sohn in die Fremde zu schicken; rief deshalb seinen Sohn und sprach:»Mein lieber Sohn, allda will ich dir zwanzig Gulden geben. Nun zieh aus und lerne etwas! Um zehn Gulden sollst du lernen die kleine Hausarbeit tun, und von den anderen zehn sollst du zehren, bis daß du es lernst.«

Der Sohn war zufrieden, zog dahin auf Ulm zu. Und als er in Ulm einzog, da geriet er an ein altes Weib; die sah, daß er ein Bündel auf dem Rücken trug, vermeinte, er hätt Hühner oder Tauben oder sonst etwas darin, das er wollt zu Markt tragen; schrie ihn an und sprach:»Wo hinaus, mein Freund?« Er antwortete:»Ei, ich muß hinaus und muß die kleine Hausarbeit lernen.« Die alte Frau verstand flugs, was er meinte, und sprach:»Mein Sohn, komm mit mir! Ich will dich's lehren.«

Der Bauer tat es, ging mit der Alten heim. Als er ins Haus kam, sprach die Alte:»Mein lieber Sohn, was sollst du lernen?« Der Bauer sprach:»Die kleine Hausarbeit soll ich lernen; dazu hat mir mein Vater zehn Gulden gegeben, und zehn soll ich verzehren, bis ich es kann.« Die Frau sprach: »Gib mir die zehn Gulden, so will ich dich's lehren und will den Tag einen Gulden von dir nehmen, bis daß du es kannst.« Der Bauer sprach:»In wieviel Tagen kann ich es lernen?« Die Alte sprach: »In drei, vier, fünf oder sechs Tagen.« Der Bauer sprach: »Ei, so will ich dir den Tag einen halben Gulden geben.« Wurden des Handels einig, und gab ihr der Bauer die zehn Gulden.

Zur Nacht setzte ihm die Alte eine große Schüssel voll Wecken und Milch vor und sprach: »Nun, so arbeite weidlich!« Der Bauer nahm einen Löffel und arbeitete aufs beste, so gut er konnt, aber er konnt die Schüssel nicht ausarbeiten, und blieb ihm etwas übrig. Die Bäuerin sprach: »Magst du das nicht ausarbeiten?« Er sprach: »Ich kann es nicht ausarbeiten.« Nun hieß ihn die Alte sich zur Nacht niederlegen; er schlief die ganze Nacht.

Am andern Morgen nahm die Alte ein kleineres Geschirr und gab ihm wieder Wecken und Milch, sprach: »Arbeit weidlich!« Er konnt es aber nicht ausfressen. Das trieb sie bis auf den letzten Tag. Da setzte sie ihm ein kleines Geschirr vor, gingen etwa bei drei Maß Milch hinein, und hatte ihm fünf Semmeln darin gebrockt. Die fraß der Bauer aus. Und als er ausgegessen hatte, sprach die Alte: »Kannst du jetzt die kleine Hausarbeit?« (Auf deutsch heißt man es gebrautet). Er antwortete: »Ja!« »So magst du jetzt heimziehen, wenn du willst.« Der Bauer war froh, zahlte der alten Frau und zog wieder auf Langenau zu.

Als er heimkam, da fragte ihn sein Vater: »Kannst du die kleine Hausarbeit?« Der Sohn sprach: »Ja.« »Kannst du es aber richtig?« »Ja, ich kann's richtig«, sprach der Sohn. »Nun, so will ich dir ein Weib geben«, sprach der Vater. »Ja«, sprach der Sohn. Es lebte ein Bauer nicht weit von seinem Haus, der hatte drei erwachsene Töchter, waren brav und züchtig wie des Wirts Tochter zu Straubingen. »Von diesen dreien«, sprach der Vater, »will ich dir eine geben.« Der Sohn sprach: »So gib mir die mittlere!« Das tat der Vater.

Als man sie zur Nacht zusammengelegt hatte, da streckte sich mein guter Bauer nieder und schlief. Die Braut hätt gern gesehen, daß er seinen Zins gegeben hätt; aber der Narr wußte nichts davon. Das trieb er eine Nacht oder vier. Der

Braut ward die Zeit lang: »Willst du nicht die kleine Hausarbeit machen?« Der Bauer sprach: »Wie soll ich's machen? Ist doch kein Wecken und keine Milch da!« »Ei«, sprach sie, »du brauchst keinen Wecken, aber die Milch mußt du selber machen.« Wies ihn hiermit zwischen die Beine. »Oho«, sprach der grobe Narr, »hab ich doch keinen Löffel nicht!« Sie sprach: »Du brauchst keinen Löffel; nimm den Stiel und stoß ihn hinein!« Und mußt ihn also die Jungfrau unterweisen. Das war eine feine Jungfrau; ich glaub, sie hatte auch mehr Hoden (mit Verlaub) vor dem Arsch gehabt als Schüsseln und Häfen gespült. Und als sie ihn nun unterwies und er anfing, die Hausarbeit zu machen, begann die Jungfrau zu ächzen. Da meinte der gute Bauer, sie wäre gar krank, und wußt nicht, daß er ihr so wohl tat. Da er am Morgen aufstand, sprach er zu seinem Weib: »Bleib du nur liegen! Ich hab heut nacht wohl gehört, daß du krank bist.« Vermeinte also, sie wär krank.

Der Bauer ging mit einem Knecht auf den Acker zum Säen. Er hatte wohl eine Stund oder zwei gesäet, da sprach er zu seinem Knecht: »Geh hinein und sieh nach, was mein Weib tut, ob sie aufgestanden ist oder nicht! Denn sie hat heut nacht gar laut geächzt.« Da der Knecht in das Haus kam, stand die Frau vor dem Herd und buk Küchlein, wollt ihrem Mann zu Mittag gütlich tun, da er sich die Nacht so redlich gehalten. Da sprach der Knecht: »Potz Hirn, Frau, backt Ihr Küchlein? Und meint der Bauer, Ihr seid krank; hat mich darum hereingeschickt, ich soll sehen, ob Ihr noch im Bett liegt.« Sie sprach: »Geh, lauf und heiß ihn hereinkommen! So will ich die Küchlein anrichten, dieweil sie noch warm sind.«

Der Knecht lief hinaus und winkte dem Bauern; der Bauer wollt es aber nicht merken. Als der Knecht noch eine Ackerlänge Wegs zu ihm hatt, schrie er: »Holla, Bauer, kommt flugs!« Der Bauer vermeinte, sie wär gestorben, lief den Berg hinauf auf Geislingen zu, als wär er toll und unsinnig.

Als ihn der Knecht also laufen sah, ging er wieder zurück

und sprach zur Bäuerin: »Ich kann ihn nicht herbeibringen; er läuft, als sei er toll und unsinnig.« Sie sprach: »Ei, will er nicht hereinkommen, so laß ihn laufen!« Und saßen sie und der Knecht zusammen und aßen Küchlein, ließen auch dem Bauern sein Teil stehen; der muß es noch holen.

Als aber der Bauer über den Berg kam und Langenau nimmer sah, zog er ein kleines Messerlein, das er bei sich hatte, heraus und schnitt sich den Quoniam ab, wobei er sprach: »Darein hast du mich gebracht.« So verblutete der arme Bauer, daß er jämmerlich starb. Und hatte sein Geld nicht gut angelegt, als er gelernet hatte Wecken und Milch essen. Auch kommt von den alten Weibern selten etwas Gutes. Wär er zu einer Jungen gekommen, die hätt ihn vielleicht die Hausarbeit recht gelehrt, wie denn sein Weib sie ihn lehrete. Aber der Narr verstand es nicht; darum mußt er auf dem Platz bleiben.

25

Eine Fabel von einem Bauernknecht, der seines Bauern Tochter Didelmanns Pfeifen kaufte

Ein Bauer saß nicht weit von Volkach im Frankenland, der hatt eine erwachsene Tochter; auch hatte der Bauer einen starken Knecht. Nun mußten sie aber alle viere, der Bauer und die Bäurin, auch der Knecht und die Tochter, in der Scheuer oder dem Stadel liegen. Wenn nun der Bauer zur Nacht mit der Bäurin scherzte, so schnauften sie laut; auch krachte das Bett so sehr, daß die Tochter dacht: »Was tun nur mein Vater und meine Mutter, daß sie alle Nächte also keuchen und das Bett krachen lassen?« »Ei«, sprach der Hansel, »mein Gretlein, da gibt er der Mutter Didelmanns Pfeifen.« »Potz«, sprach sie, »was ist das für eine Pfeif?« »Ja«, sprach der Hansel, »man kauft eine um zwanzig Gulden.« Das gute Mädchen hatte etwas auf der Seite, nahm zehn Gulden und sprach: »Sieh her, Hansel, leg du auch zehn dazu und kauf uns auch eine Didelmanns Pfeifen!«

Der gute Hansel zog in die Stadt, aß und trank, soviel er konnt, ging danach wieder heim. Als er noch auf dem Weg war, da lief ihm das Mädchen entgegen, sprach: »Bringst du Didelmanns Pfeifen?« Er sprach: »Ja.« Sie sprach: »Ei, mein Lieber, so gib sie mir flugs!« Er sprach: »Ei, wart bis heut nacht, so will ich sie dir geben.« Dem guten Mädchen wollt die Weile zu lang werden, doch wartete sie, bis es Nacht, mit großem Verlangen. Als es nun Nacht war, kam das Mädchen zu dem Knecht in das Bett. Der wischte über sie her und stieß ihr Didelmanns Pfeifen in das Maul. Des lachte sie und sprach: »Ei, das ist eine feine Pfeif. Mich reuet mein Geld nicht.«

Nun trieben sie das eine lange Zeit, bis es der Bauer inneward, gab dem Knecht Urlaub und ließ ihn wandern. Als er nun dahinzog und bereits ein gutes Stück Wegs vom Dorfe entfernt war, lief ihm das Gretlein nach und sprach: »Hör,

Hansel, laß mir meine Didelmanns Pfeifen da!« Er sprach: »Ich laß sie dir nicht.« Zankten so lange, bis sie an den Weiher nicht weit von Schwarzach kamen. Und als er die Pfeife nicht geben wollt, sprach sie: »So gib mir meine zehn Gulden wieder!« Er nahm einen Stein, den er von ungefähr in der Hand hatte, warf ihn in den Weiher und sprach: »Sieh her, hol dir deine Didelmanns Pfeifen und laß mich ungeschoren!« Das gute Mädchen meinte, er hätt die Pfeife hineingeworfen, watete in den Weiher, suchte hin und her. Unterdes ging der gute Hansel davon.

Als sie nun lang gesucht und nichts gefunden hatte, da kam ganz zufällig ein Mönch dahergeritten, der wollte Geld gen Würzburg führen. Sah das Gretlein im Weiher umherwaten, ritt herzu und sprach: »Meine Tochter, was suchest du?« Sie sprach: »Mein Herr, da hab ich meine Didelmanns Pfeifen verloren.« Der Mönch verstand wohl, was sie meinte, stieg vom Roß, watete in den Weiher und half ihr suchen. Als er nun tief hineingewatet und ihm seine Didelmanns Pfeifen auf dem Wasser schwamm, schaute das Mädchen von ungefähr zu dem Mönch hinüber; da sah sie die Pfeif auf dem Wasser schwimmen, sprach: »Ja, so ist's recht. Wie soll ich meine Didelmanns Pfeifen finden, wenn Ihr sie mir gestohlen habt? Flugs gebt mir meine Didelmanns Pfeifen!« Der Mönch watete mit ihr aus dem Weiher, gab ihr Didelmanns Pfeifen und wollte danach wieder davonreiten. Es wollt ihn aber die Maid nicht reiten lassen, er gäb ihr denn die Pfeife ganz; zankten so lang miteinander, bis daß sie schier gen Schwarzach kamen. Und wollt die Maid nicht von dem Mönch lassen; entweder er sollt ihr die Pfeife geben oder zwanzig Gulden, die sie und der Hansel darum gegeben hätten. Als nun der Mönch sich der Stadt nahte, fürchtete er, man würde ihr Zanken hören und es könnt ihm eine größere Schand daraus entstehen. Wollt er ihrer ledig werden, mußt er ihr die zwanzig Gulden geben. Die nahm sie, zog heim und ließ den Mönch reiten, weiß Gott, wie er von wegen des Gelds bestand, da er's überantworten sollte. Auch von dem

144

Mädchen weiß ich nicht, ob sie sich eine andere Didelmanns Pfeife gekauft oder für eine Weile eine entlehnt hat.

Aus dieser Fabel sollen die Jungfrauen lernen, daß sie nicht nach allen Dingen fragen sollen; denn man sagt ihnen nicht allemal die Wahrheit. Die Männer aber von dem Mönch, daß man nicht alle Wasser auswaten soll. Wäre der Mönch seine Straße geritten, so hätt seine Didelmanns Pfeifen lang um die zwanzig Gulden zu Pfeifen gehabt. Denn man spricht: »Welcher will alle Wasser auswaten, der ertrinkt gern!« oder »Welcher will alle Zechen bestehn, muß viel Geld haben!« wie hier der Mönch.

Will eine Jungfrau sittsam bleiben,
So soll sie ihre Zeit vertreiben
Mit Waschen, Spinnen, Kochen, Nähn,
Muß allweil nach dem Rechten sehn,
Auch mit den Kindern sich befassen
Und alles dumme Schwätzen lassen.
Will keinen Schaden sie erleiden,
So muß sie stets das Böse meiden,
Auch nicht nach Didelmanns Pfeifen fragen,
Auf daß sie nicht ein Kind muß tragen.

26

Von einem gar alten Mann,
der ein junges Maidlein zur Ehe begehrte

Im Schwabenland war ein alter Mann, der saß in seinem
Haus zu Landsberg, sechs Meilen von Augsburg, und buh-
lete um ein schönes junges Maidlein. Nun, ihre Verwandten
waren es wohlzufrieden, redeten also viel mit dem Maidlein,
daß sie ihren Willen darein gab, doch mit der Kondition, daß,
so es mißlinge, sie wisse, wem sie die Schuld sollt geben.
Also ward die Heirat beschlossen, und der gute alte Patron
hielt sein junges Maidlein gar wohl. Doch konnt er nichts
weiter mit ihr ausrichten; nur wenn er, wie er alle Morgen zu
tun pflegte, seinen Bart und sein Haar kämmte, fuhr er ihr
allemal mit dem Kamm oder der Bürsten über das junge
Täschle. Und das gute Maidlein meinte, es müßt also sein,
und war gar wohl damit zufrieden, und lebten miteinander
bis in das vierte Jahr.

Nun kam die Zeit, daß der gute alte Patron von dieser Welt
schied, verordnete jedoch zuvor seinem lieben jungen Weib
all sein Hab und Gut, nach seinem Tod sollt man ihr alles
überantworten; was denn geschah. Nun, das gute junge
Maidlein fiel in große Betrübnis wegen des Alten. Da kamen
ihre Verwandten und trösteten sie mit solchen Worten wie:
sie sollt zufrieden sein und unserm Herrgott die Sach befeh-
len; denn es ginge auf der Welt nicht anders zu. Sie wollten
Vorsorge treffen: wenn nun die Zeit käme, wolle man
zusehen, daß man sie mit einem jungen Gesellen versorge;
dieweil sie zuvor einen alten Mann gehabt hätt, müßt sie es
nun auch mit einem jungen versuchen. Nun, die gute
Witfrau war gar sehr betrübt, lebte also gottesfürchtig in
ihrem Witwenstand.

Nach etlichen Monaten kamen ihre Leut und zeigten ihr
an, es wär nicht gut, daß sie so lang ohne einen Mann sein
sollt, denn sie wär jung, und es würd ihr übel ausgelegt

werden. Also ergab sie sich ihren Leuten; was sie täten, wäre sie wohlzufrieden, wenn sie nur wüßt, daß ihr also wohl geschehe, wie ihr zuvor geschehn. Nun, die Verwandten taten das Beste und gaben ihr diesmal einen jungen Gesellen; auch war ansehnlich Gut auf beiden Seiten.

Da man aber die Hochzeit ausgerichtet, kamen ihre Leut alsbald und wollten erfahren, wie sich der junge Bräutigam gehalten hätt. Da sie nun zur Braut kamen, hub sie bitterlich an zu weinen und sagte: »Ja, ich mein, ihr habt es wohl getroffen und mich gar wohl versehn.« Die Verwandten erschraken, wußten nicht, was es zu bedeuten habe oder wie sie es verstehn sollten; fragten, warum sie also bitterlich weine. Sie sagte: »Ja, sollt ich nicht weinen? Der Teufel gebe euch den Lohn, also wohl habt ihr mich versorgt.« *In summa*, die Verwandten sagten: »Liebe Bas, haben wir Euch nun nicht wohl versehn, so ist es uns leid. Denn was wir getan, haben wir Eures Besten halben getan, hatten auch gar sehr gehofft, Ihr würdet es uns danken.« Die Braut sagte, sie danke ihnen gar nichts, wollte Gott, daß sie ihren alten Mann noch hätt.

Ihre Leute waren betrübt ob der Rede und sprachen: »Liebe Bas, sagt uns doch die Ursach, warum Ihr also bekümmert seid!« Da sagte sie endlich: »Ja, sollt ich nicht weinen? Mein alter Herr selig hatte die Gewohnheit: wenn er morgens und abends, wie er zu tun pflegte, seinen Bart und sein Haar kämmte, so nahm er ein Bürstlein und kämmte mein kleines Täschle auch, aber der große ungeschickte Tölpel, als wir im Bett waren, nahm die Bürste, kehrte sie um und stieß mir den Stiel hinein. Wie sollt ich nicht weinen!«

Die Verwandten verstanden den Handel wohl, wie es zugegangen war, lachten und sprachen: »O liebe Bas, ist keine andre Klag vorhanden denn die, so sind wir wohlzufrieden. Doch mußt du einstweilen Geduld haben, bis die Hochzeit ein End hat, so wollen wir mit ihm reden. Wart einen Tag oder auch acht! Ist es so, daß dir's auch dann noch nicht gefällt, so wollen wir sehen, was zu tun ist, damit wir nicht also großen Undank bei dir verdienen.«

Da nun etliche Zeit herum war, warteten ihre Leut, daß sie käm und sie sich der Sache annehmen sollten; wie sie denn geschworen hatte, daß, sobald die Hochzeit ein End hätt, sie all ihre Leute verklagen wollt. Die aber kommen sollt, ist bisher noch nicht gekommen; läßt sich wohl auch denken, sie wird's bei diesem Verheißen bleiben lassen. Und sind die Verwandten wohlzufrieden, daß sie nicht in Zank und Hader geraten.

27

Ein alter Mann hatte ein junges Weib

Es war einmal ein alter Mann, dem starb sein Weib; aber er verheiratete sich bald mit einer andern, die jung und unwissend war, davon man jetzt nimmer so überaus viele findet. Und wiewohl sie alle Nächt an seiner Seite lag, ward sie dennoch von ihm nicht erkannt, blieb vielmehr Jungfrau; und begehrte auch nichts von ihm, da sie nichts von solchen Sachen wußt.

Nun begab es sich einmal, daß die gute Jungfrau zu andern Weibern kam, die von nichts anderm denn von Halsen, Küssen und derlei abenteuerlichen Dingen redeten. Die junge Frau stand da und hörte zu, konnt, dieweil sie also unerfahren, kein Wörtlein mitreden. Als nun die Frau am Abend heimkam, tät sie ihren Mann fragen, was doch Halsen und Küssen wär. Der Mann gab ihr alsbald Bescheid:»Morgen will ich dir's zeigen.« Und als der Tag gekommen, stand der Mann auf, legte seinen Harnisch an und sprach zu der Frau:»Komm her, so will ich dir zeigen, was Halsen ist.« Nahm sie und drückte sie an die eiserne Brust, daß sie schier hätt ersticken mögen; sagte zu ihr, das wär gehalset. Danach nahm er die eisernen Handschuh, fuhr ihr damit über Mund und Angesicht und sprach, das wär geküsset. Die gute Jungfrau, die da dem Mann seine Red glaubte, wollt fürder weder gehalset noch geküsset sein; und nahm sie nicht wenig wunder, daß die Frauen den Tag zuvor von so großer Freud gesprochen hatten, da es doch ein solch unmenschlich hart Ding war. Nun geschah es aber eines Nachts, daß dem alten Kämpfer eine Freud in die Achsel schoß; ging daran, seine neue Braut erstmals zu beschlafen, machte jedoch bälder Feierabend, als dem guten Mädchen lieb war. Und da ihr solches wohlgefiel, fragte sie ihn, wie denn das hieße, so er jetzund mit ihr getrieben hätte. »Ei«, sagte er, »es heißt (mit Züchten zu reden) im Hintern geleckt.«

Nun begab es sich einmal, daß die Frau in die Kirche zum Beichten ging. Und als sie all ihre Sünden dem Pfarrer erzählt, da sprach er, dieweil er sie jung und schön fand: »Frau, ich kann Euch nicht den Ablaß erteilen, es sei denn, Ihr geht in das Kapellchen, so vor der Kirche steht.« Die Frau war es wohl zufrieden, ging in das Kapellchen. Der Priester folgte alsbald nach und sprach zu ihr: »Frau, ich kann Euch nicht absolvieren, es sei denn, daß Ihr Euch halsen und küssen lasset.« – »O weh«, sprach die Frau, »seid mir still davon! Aber wenn Ihr mich im Hintern lecken wollt, so will ich's gerne leiden.« Der Pfaff sprach: »Ei, so leck dich der Teufel!« Also zog die Frau unabsolviert heim und mußt wider ihren Willen keusch bleiben.

Von witzigen Gesellen und Jungfrauen, die auch den Kopf zu brauchen gewußt

Das sechste Kapitel

28

Das Rädlein

Johann von Freiberg, liebe Leut,
Erzählt euch ein Geschichtchen heut;
Man sagt, daß er dergleichen kann,
Auch hat er es schon oft getan.
So höret denn zu dieser Frist
Ein Märlein, das gar seltsam ist
Und dennoch – glaubt es mir! – geschah;
Denn der es hörte und auch sah,
Steht für die volle Wahrheit ein.
Nun, liebe Kinder insgemein,
Spitzt eure Ohrn, ich fange an.

Es lebte einst ein wackrer Mann,
Ein Bürger, bieder, brav und tüchtig,
Ein Tugendausbund, fromm und züchtig,
Dazu über die Maßen reich:
Es fand sich keiner, der ihm gleich;
Doch nicht alleine in der Stadt
Erscholl sein Lob, o nein, es hatt
Sich ausgebreitet rings im Land,
War allenthalben wohlbekannt.
Auch hatte er ein braves Weib
Von edlem Sinn und schmuckem Leib.
Zu all dem war dem Paar beschieden
Der Weisheit wahrer Seelenfrieden;
Wer also lebt in Gottvertraun,
Kann ruhig in die Zukunft schaun.
Der Bürger hielt gar prächtig Haus,
Da gingen Herren ein und aus,
Ob Rittersleut, ob andre Gäste,
Man reichte ihnen stets das Beste,
Das sich in Haus und Keller fand.

In dieses Bürgers Diensten stand
Ein Schreiber, fragt nicht, wer er war,
Ich weiß es nicht. Doch offenbar
War dieser Bursch nicht minder tüchtig,
Hielt eins im Leben nur für wichtig:
Daß man, gleichviel, ob's Tag, ob's Nacht,
Auf seinen Vorteil stets bedacht;
Weshalb er denn auch gerne tat,
Worum ein hübsches Weib ihn bat.
Man findt wohl heut noch solche Degen,
Die diese alte Sitte pflegen:
Den Frauendienst um reichen Sold,
Doch nicht um Silber oder Gold,
Nein, einzig um die Minne;
Das trug auch er im Sinne.

Nun diente dort auch eine Maid,
Nach der der Schreiber lange Zeit
Umsonst sein Herz gekehret.
Wie ward sein Sinn beschweret,
Wie plagten Kummer ihn und Sorgen
Am Abend wie am frühen Morgen.
Doch muß, wer jene Maid gesehn,
Wohl ohne weiteres eingestehn,
Daß sie ohn allen Makel war.
In ihrem goldgelockten Haar
Verlief der Scheitel weiß und fein;
Ein Engel konnt kaum schöner sein.
Auch war sie schlank von Kopf bis Fuß,
Sie anzuschaun war ein Genuß;
Was eine Jungfrau reizend macht,
Hatt ihr der Himmel zugedacht.
Ihr Mund, wie ein Rubin so rot,
Der bracht den Schreiber oft in Not,
Dieweil er nie, zu keiner Stund,
Durft küssen diesen roten Mund;

Die Wangen glänzten wie zwei Rosen,
Doch kam er, um mit ihr zu kosen –
O weh, wie's ihm da schlecht erging,
Wie boshaft ihn die Maid empfing.
Sprach er, er wollt sie minnen,
Sprach sie: »Ihr seid von Sinnen!
Ihr redet, mein ich, wie ein Toller,
Habt wohl am Ende gar den Koller,
Davon steht Euch der Schädel quer;
Mag Euer dumm Geschwätz nicht mehr
Mit anhörn! (Also sprach sie zu
Dem Jüngling) Drum laßt mich in Ruh!
Kann's nun einmal nicht mehr ertragen,
Auch werde ich's dem Herrn bald sagen.«
Und all sein Flehn, sein zärtlich Bitten
Ward von dem Mädchen nicht gelitten.
Wenn er sprach ja, so sprach sie nein,
Kam niemals mit ihr überein.
Und sprach er schwarz, so sprach sie weiß;
Gab zu verstehn, und zwar mit Fleiß,
Daß alles, was er tat und sagte,
In keiner Weise ihr behagte.

So trieb sie es geraume Zeit,
Da bracht ein Sonntag viele Leut
In jenes Haus, und mit dem Gast
Kommt auch gemeinhin Müh und Last.
Das Mädchen hatt vollauf zu tun
Und durft von früh bis spät nicht ruhn;
Doch als man dann ins Bett gegangen,
Da ward vom Schlummer sie umfangen,
Nach all des Tages Mühen sank
Die Gute auf die Ofenbank.

Da kam der Schreiber dort vorbei,
Der sah die Maid und dachte: »Ei,

Wie liegt sie da in süßer Ruh!«
Er setzte schüchtern sich dazu;
Sie schlief, er aber wachte.
Der gute Schreiber dachte
Viel krauses Zeug. Indes, ich will
Es nicht verraten und schweig still.
Da macht' er seinen Finger naß,
Rieb drauf am Ofen ihn, so daß
Er schwarz und rußig war. Nun hört,
Wie sich die kluge List bewährt.
Er nahm alsbald das Licht zur Hand
Und hob der Jungfrau das Gewand
Weit auf, bis übers Kinn wohl gar;
Das Mädchen ward es nicht gewahr.
Da sah er stehn zwei Brüstelein
Wie Paradiesesäpfel fein.
Wer sich in Freuden
Daran durft weiden,
An diese zwei sich zärtlich schmiegen,
Dem mußt die Traurigkeit verfliegen.
Doch kann ich von den Freuden nicht
(Da mir's an Meisterschaft gebricht)
Euch Nachricht geben ganz und gar. –
Den Schreiber dünkten tausend Jahr
Grad wie ein Tag, stand wonnetrunken
In ihren Anblick still versunken.
Ihr holder Leib, gar zart und schlank,
In sanften Linien abwärts schwang
Bis hin zum Rosengärtlein. Ach,
Wie schwände alles Ungemach
Dem, der nach so verschwiegner Stätt
Auch nur die kleinste Lustfahrt tät! –
Der Schreiber aber, husch, husch, husch,
Malt' über jenen Rosenbusch
Ein Rädlein mit dem Finger.
Gar sacht und leise ging er

Dabei ans Werk, grad so als wär
Ein Würmlein wie von ungefähr
Gekrochen auf der Jungfrau Leib;
Tät so dem minniglichen Weib
Mit schwarzem Ruß das Rad samt Speichen
Auf ihr schneeweißes Bäuchlein streichen.
Möcht wissen, was der Wackre dacht,
Mich wundert, daß er nicht gelacht.
Als er nun mit dem Werk am End,
Da deckte er der Maid behend
Die Kleider wieder über und
Küßt' sie auf ihren roten Mund;
Schlich leis zur Stube sich hinaus
Und stieß noch manchen Seufzer aus.

Wen dauert nicht der Gute!
Ihm war grad so zu Mute
Wie einem, der bereits seit Tagen
Nichts mehr zu beißen und zu nagen,
Doch in ein Gärtlein nun gelangt,
Wo ihm das Obst entgegenprangt,
Es aber nicht zu brechen wagt,
Vielmehr wie unser Schreiber zagt,
Der ungeatzt von dannen ging.
Daß er das Mächen nicht umfing,
Das schuf im tiefsten Herzen
Ihm martervolle Schmerzen.
Ging nun ins Bett und suchte Ruh,
Indes er tat kein Auge zu.
Mußt ständig an die Holde denken,
Daß sie ihm keine Freud wollt schenken,
Nicht tun, was einzig sein Begehr.
Nun denn, was soll ich sagen mehr?
Unsinnig vor Verlangen,
Ist es ihm grad ergangen
Wie einem Fisch, dem's Wasser fehlt

Und der auf trocknem Strand sich quält.
Das Herze wollt ihm schier verbrennen,
Er tät sich kaum noch selber kennen;
Lag ruhlos bis zum lichten Morgen,
Geplagt von Kummer und von Sorgen.

Da er nun trat zur Tür hinaus,
Sah er das Mädchen vor dem Haus;
Er grüßte züchtig wie zuvor,
Doch fand er kein geneigtes Ohr.
»Daß Ihr so widerborstig seid,
Euch nicht des heitern Morgens freut!«
»Wenn ich 'nen guten Morgen hab,
Hängt's nicht von Euren Wünschen ab;
Verzichte gern auf Euren Gruß,
Er schafft mir nämlich nur Verdruß.«
Er sprach: »Wie redest du mit mir?
Ein freundlich Wort stünd besser dir,
Hab ich dich doch die letzte Nacht
– Ei nun – zu Willen mir gemacht;
Da schwiegest du wohlweislich stille,
Denn dir behagte dieser Wille.«

Sie sprach: »Bei Gott, das ist nicht wahr!
Ich gäbe eher Haut und Haar,
Als daß ich derlei Schandbars tät;
Zum Teufel schert Euch, ei, so geht!
Und laßt Euch fürder sehn nicht mehr,
Wollt Ihr mir dergestalt die Ehr
Mit schmutzgen Worten rauben.«
»Willst du es mir nicht glauben«,
Sprach drauf der Schreiber zu der Maid,
»So ist mir das nicht wenig leid
(Glaub's nur, ich mache keine Sprüch);
Indes, ein Zeichen spricht für mich,
Das ich gemacht, bevor ich schied,

Da mir's ein kluger Einfall riet,
Wenn ich die Wahrheit sprechen soll.
Glaub mir, mein Kind, ich weiß recht wohl:
Gar viele Fraun – 's ist nun mal Sitte –
Gewährn nicht gern der Männer Bitte;
Gesetzt, daß sie es dennoch täten,
Worum man sie so lang gebeten,
So würden sie gewiß gestehn,
Es sei ihnen im Schlaf geschehn.–
Wenn's dir vielleicht auch nicht behagt,
's ist nun mal wahr, was ich gesagt.«
Sie sprach: »Bei Gott, ist solches wahr,
Besteht aus purem Gold mein Haar.«
»Sieh nach und laß dich überzeugen,
Mußt dich ja doch der Wahrheit beugen.«

Da wollte sie nicht länger warten
Und eilte schnurstracks in den Garten;
Dort trat sie unter einen Baum,
Sie faßte das Gewand am Saum,
Hob's auf mitsamt dem Unterkleid.
Potz Blitz, da sah die schöne Maid
Das schwarze Rad am Bauche vorn.
Da packte sie der helle Zorn:
»Wie hat der Bube das gemacht?
Welch Unhold hat ihn nur gebracht
So nah zu meinem keuschen Leib?
Ward solchermaßen ich zum Weib,
Daß er mich tät im Schlaf erkennen,
Möcht man es fast ein Wunder nennen.
Allein, das kann ich doch nicht glauben,
Wie sollt er mir die Ehre rauben,
Dieweil ich schlafend lag. Ach nein,
's wird sicherlich ganz anders sein.«
Die Jungfrau saß gedankenschwer,
Sie überlegte hin und her,

Sah auf das Rad von Zeit zu Zeit
Und dacht an das geschehne Leid:
»Die Schreiber stecken voller List,
Weshalb es sehr wohl denkbar ist,
Daß mir durch unsres Schreibers Tücke
Die Jungfernschaft ist worden flügge. —
Ach, welch ein kindischer Gedank!
Mich macht das Grübeln schon ganz krank.
Wie denn, es wär ein Mann gekommen
Und hätt das Magdtum mir genommen
Und ich hätt nichts davon bemerkt,
Wie er so minniglich gewerkt?«
Des Grübelns zentnerschwere Last
Erdrückt' das arme Mädchen fast,
Trug so an ihrem bittern Leid
Vom Morgen bis zur Mittagszeit,
Und da – begann sie denn aufs neu
Die wohlbekannte Litanei:
»Herrgott, wie ist es nur gekommen,
Daß er als Leinwand mich genommen
Und dergestalt bemalet hat?
Fand dieser Streich nun wirklich statt,
Bin ich vielleicht vom Weine trunken
Dort auf die Ofenbank gesunken,
Und er hat ungestört genossen,
Was seinen Bitten sich verschlossen?
Nun denn, da es einmal geschehn,
Will ich geschwinde zu ihm gehn
Und will ihn bitten, mir zu sagen,
Wie's sich im einzeln zugetragen,
Daß mir mein Magdtum ging verlorn.« –
Ich glaub, sie hätt nun gar geschworn,
Daß sie der Schreiber bei der Nacht
Also zum Weibe hätt gemacht.
An dieser Maid bewähret sich
Ein gutes altes Wort, das ich

Nur allzu oft bestätigt fand
Und das euch allen ist bekannt:
»Die Frauen haben langes Haar,
Doch kurz ist ihr Verstand fürwahr.«
Herr Freidank war's, der dieses sagte.

Die Jungfrau sich nicht länger plagte,
Lief hin, wo sie den Schreiber sah;
Mit leisem Lächeln sprach sie da:
»Ei nun, ich sollt Euch zürnen sehr,
Daß Ihr mir also meine Ehr
Mit List und Tücke habt geraubt.
Wer hat dergleichen Euch erlaubt?«
»Ich selber«, tät er frei gestehn,
»Magst du mich drum auch heftig schmähn,
Vielleicht auch schlagen gar am End.«
»Ach nein doch!« sprach die Maid behend,
»Will weder schmähen Euch noch schlagen,
Doch wollt es niemand weitersagen,
Des möcht ich Euch gar herzlich bitten
Bei Eurer Zucht und feinen Sitten.
Geschah es auch durch deine Schuld,
So will ich dir doch meine Huld
Und meinen Beistand nicht versagen;
Nur eines wollt ich dich noch fragen,
's läßt meinem Herzen keine Ruh.«
Der Schreiber sprach: »Ei, frag nur zu!
Was ich auch weiß, ich sag es dir.«
Sie sprach: »Nun, Lieber, sage mir
– Gott lohn es dir im Paradeis –,
Wie hast du also still und leis
Genommen meine Minne,
Ohn daß ich es ward inne?«
Drauf sprach der gute Bursch geschwind:
»Ich legt mich halt zu dir, mein Kind.«
Sie sprach: »Doch wie? – Das sollst du sagen,

160

So will ich seiner nimmer klagen
Und will dir ewig sein zu eigen.«
Er sprach: »Ich werde es dir zeigen;
Kann anders dir nicht deutlich machen,
Wie man verhandelt derlei Sachen.«
Da sprach sie: »Wo und wann soll's sein?«
»Heut nacht«, sprach er, »im Bette dein;
Sind alle erst zur Ruh gegangen,
Kann niemand uns darob belangen.«

Wie sehnte sich die schöne Maid,
Daß es nur endlich Schlafenszeit.
Als man nun gute Nacht gesagt,
Da sprang die Jungfrau unverzagt
Zum Schreiber, um mit ihm zu schwätzen.
Er tät nicht minder sie ergetzen
Mit süßen Worten. – »'s ist schon spat«,
Sprach sie, »gehn wir zur Kemenat!«
»Mein Lieb, ich möcht dich gern begleiten,
Doch eins will Sorge mir bereiten:
Sollt jemand noch im Hause wachen,
Hört er gar leicht die Bretter krachen,
Wenn wir uns tasten durch den Gang;
Auch schallt es laut, dieweil er lang
Und hochgebaut, du weißt es ja.«
»Laß mich nur machen«, sprach sie da,
»Mußt deshalb wirklich nicht verzagen;
Ich werd dich einfach zu mir tragen,
Und niemand (sprach das züchtge Kind)
Bemerkt, daß wir zu zweien sind.«
»Das willst du tun?« sprach da der Knabe.
Die Jungfrau sprach: »Sitz auf, ich trabe.«

Der gute Schreiber war nicht faul
Und schwang sich auf den seltnen Gaul
Ei, konnt er nicht von Glücke sagen,

Daß ihn also zu Bett getragen
Ein säuberliches Mägdelein?
Wenn das kein Glück nicht sollte sein!
Ich jedenfalls wär's wohlzufrieden,
Wär mir ein solches Los beschieden. –
Er sprach: »Mußt fein gemächlich gehn!
Kannst du auch auf den Füßen stehn?
Laß mich nicht fallen, gib nur acht,
Da sonst das ganze Haus erwacht.«
Sie sprach: »Sei still, laß mich nur tun,
Du bist ja leichter als ein Huhn;
Ich fänd, bei Gott, auch nichts dabei
Trüg ich statt einem deiner zwei.«
Er sprach: »Mein Lieb, kann's möglich sein?«
»Glaub mir«, sprach drauf das Mägdelein,
»Daß ich dich nicht belüge.«
Behend wie eine Ziege
Hüpft' in der Stub sie hin und her,
Vor und zurück, die Kreuz und Quer,
Worauf sie über eine Bank
Mitsamt dem wackern Schreiber sprang
(Grad wie ein Has auf weiter Flur);
Sie tat dies aber alles nur,
Weil er gewagt zu fragen,
Ob sie ihn könne tragen.
Sie sprach: »Du siehst, wie fest ich steh!«
Er sprach: »Mein Lieb, tu dir nicht weh!
Bist wohl am Ende doch zu schwach.«
Hei, wie das Rehlein übern Bach
Sprang sie über die Schwelle,
Wohl eine gute Elle;
Und als sie ihn zu Bett gebracht,
Da stieß die Jungfrau wohlbedacht
Den Riegel vor die Kammertür.
Sie sprach: »Jetzt sind alleine wir,
's droht nicht die mindeste Gefahr,

Daß unser Tun wird offenbar.«
Er sprach: »Zieh aus nun das Gewand!
Da Gott uns denn hierher gesandt,
Zeig ich dir binnen kurzer Frist,
Wie's dir zuvor ergangen ist.«
Sie sprach: »Ich hab mich dir ergeben,
Will ganz nach deinem Wunsche leben
Und fürder sein dein Eigen;
So wolle du mir zeigen,
Wonach dir steht der Wille.
Ich tu's und schweig fein stille.«
Als sie nun waren nackt und bloß,
Ward ihre Freude riesengroß.
Da seht sie unverdrossen liegen,
Sich zärtlich aneinander schmiegen,
Mit weichen Armen sich umfangen.
Wär einer über sie gegangen,
Er hätte nicht erkannt fürwahr,
Wer's Männlein und wer's Weiblein war.
Auch hatt das Pärchen also fest
Die Lippen aufeinand gepreßt,
Daß zwischen den von Küssen wunden
Kein Mohnblatt hätte Platz gefunden.
Da spielte er der Jungfrau mit
Nach guter, hergebrachter Sitt:
Ohn Arg und Falsch und Hinterlist,
Wie's denn nun einmal üblich ist
Beim holden Spiel der Minne.
Als sie es nun ward inne,
Wie dieses Spiel so wonniglich,
Da sprach die Jungfrau: »Glaub mir, ich
Könnt ohne dies nicht länger leben,
Wollt alles, alles freudig geben,
Was ich zu geben nur vermag,
Wollt's gerne dulden, bis es Tag.
Wär reich ich wie Elias, der

Vor Zeiten ein gewaltger Herr,
Ich hielt's für dürftigen Gewinn;
Gäb alles für die Minne hin.«
Er sprach: »Mein Lieb, wie war dir's? Sprich!«
Das Mädchen sprach: »Was fragst du mich!
Wem dürfte wohl das Kunststück glücken,
Derlei in Worten auszudrücken?
Wenn Pergament der Himmel wär,
Ein Tintenfaß das tiefe Meer,
Wenn Sonne, Mond und Sterne
Bis in die fernste Ferne,
Des weitern Gras und Sand und Laub
Sowie der feine Sonnenstaub,
Wenn alle diese Schreiber wären,
Sie könnten nicht (das möcht ich schwören!)
Mit allergrößter Kunst beschreiben,
Wie mich entzückt dies holde Treiben;
Die Zeit wurd wahrlich mir nicht lang;
Vernahm gar lieblichen Gesang,
Mir war, als hört ich Vöglein singen,
Dazu vieltausend Harfen klingen;
Auch sah ich lichte Blitze schießen,
Als würden rote Rosen sprießen
In funkelnassem Taue
Auf einer grünen Aue.
Ach, soll es schildern, wer's vermag!
Mich dünkten tausend Jahr ein Tag.
Auch war mir zu derselben Stund,
Als tröff mir Honig in den Mund,
Der floß gar lind, bei meiner Seel,
Wie Himmelsbalsam durch die Kehl.«
Und weiter sprach die Gute:
»Mir war grad so zu Mute,
Da also ich in Freuden lebte,
Als ob ich den Lüften schwebte.«
Da nun das Spiel zu Ende,

Gab sie ihm eine Wende:
Ergriff geschwind zwei Nachtigallen*,
Die ließen laut ihr Liedlein schallen,
Grad wie zur schönen Maienzeit.
»Als wir so eilig da zu zweit
Gelegen«, sprach das Mägdelein,
»Hatt ich kein Glied, wär's noch so klein,
Auf dem mir nicht, bei meiner Ehr,
Ein Fiedelbursch gesessen wär.
Den Elfenreigen spielten sie,
Des wundersame Melodie
Mir so den Sinn betörte,
Daß ich nichts sah und hörte.
Und würd mich irgendeiner fragen,
Daß ich ihm sollte Antwort sagen,
Ich könnt ihm nicht verraten,
Was wir mitsammen taten.
Gott nehme alles Leid von dir!
Nun aber zeig's auf neue mir,
Damit ich's desto besser lern.«
Der gute Schreiber tat es gern,
Es war ihm eine süße Pflicht;
Und deshalb zauderte er nicht,
Der Jungfrau hilfreich beizustehn:
Wohl viermal vor dem Hähnekrähn
Und darauf dreimal noch vor Tag.
Wen rührte nicht die Herzensklag,
Das Ungemach der beiden,
Als man nun mußte scheiden.
Wohl tausendmal in kurzer Stund
Küßt' er des Mädchens roten Mund.
Er sprach: »Behüt dich Gott, mein Schatz!«
Und räumte ungern nur den Platz.

---

* Schon von der Hagen hat die Stelle als Anspielung auf ›Die Nachtigall‹
(s. S. 44) verstanden. Die genaue Ausdeutung bleibe der Fantasie des
Lesers überlassen.

Ihr stolzen Schreiber, merkt die Lehr,
Die ich euch geb mit dieser Mär:
Wollt ihr die edlen Frauen bitten,
Macht euch vertraut mit ihren Sitten.
Ob Weib, ob Jungfrau, 's gilt gleichviel,
Die anfangs will vom Minnespiel
Nichts wissen, ist hernach sehr oft
– Für den Verschmähten unverhofft –
Ohn große Mühe zu bekommen,
Wie ihr es justament vernommen
Am Beispiel dieser holden Maid,
Von der mein Märlein gab Bescheid.
Ihr Herze war so hart wie Stein,
Sprach jener ja, so sprach sie nein,
So lang, bis daß es dahin kam,
Daß sie ihn auf den Rücken nahm,
Daß sie ihn selber trug ins Bett;
Das machte alle Leiden wett.

Und hiermit endet die Geschicht,
Die von dem Schreiber gab Bericht,
Der endlich doch Erhörung fand;
Wird auch »Das Rädelein« genannt.

29

Von dem Knecht Herold

In einem Dorfe saß vor Jahren,
Wie ich aus sichrer Quell erfahren,
Ein Mann, dem dienten recht und schlecht
Ein schmuckes Mägdlein und ein Knecht.
Der Bursch, der Herold war geheißen,
Tät sich des Minnediensts befleißen
Und bat das Mädchen früh und spät,
Daß sie ihm seinen Willen tät.
Auch hatt sie's ihm schon oft versprochen,
Doch allezeit ihr Wort gebrochen,
Indem stets was dazwischenkam,
Wozu sie ihre Ausflucht nahm.
Und da es nicht die Laune hebt,
Wenn man dergleichen oft erlebt,
So dachte er in seinem Sinn:
»Verweigerst du mir deine Minn,
So sollst du meine Rache fühlen:
Werd dir ein übles Streichlein spielen
(Und sei es dir auch noch so leid),
Auf daß die Leute lange Zeit
Noch davon reden. Nun, wohlan,
Will sehn, wie ich's vollbringen kann.«

Nun traf sich's einmal, daß er sie
Beim Feuerzünden in der Früh
Alleine vor dem Ofen fand;
Denn als das Feuer lustig brannt,
Da dacht die Maid: »Was wird's schon tun,
Ich werde noch ein Weilchen ruhn!«
Und streckt' sich vor dem Ofen hin;
Wenn recht ich unterrichtet bin,
Lag sie dort ziemlich nackt und bloß,

Auch lud ihr aufgedeckter Schoß
Geradezu zur Minne ein.
Was konnt dem Knecht gelegner sein?
Schlich leis sich zu dem schönen Kind
Und sprach: »Ei, daß ich hier dich find!
Indes, ich weiß mir keinen Rat.
Denn schritte ich zur kühnen Tat,
Würf mich am End das Ungeheuer,
Dieweil es liegt so nah beim Feuer,
Mit nacktem Hintern in die Glut;
Und das tät mir bestimmt nicht gut.
Ach, könnt ich anders rächen mich,
Bei meiner Treu, das täte ich.«
Er sann ein kleines Weilchen nach,
Dann aber griff er hurtig nach
'nem brenn'den Scheit und ging zur Wand,
Wo er ein Stückchen Spiegel fand;
Das macht' er mit dem Feuer heiß
Und löste es auf diese Weis
Im Handumdrehn mitsamt dem Pech,
Worauf er, der nicht wenig frech,
Sich zu der Schläfrin niederbückte
Und ihr das Glas vors Löchlein drückte.
Dann schlich er fort, ei, wie er lachte.

Die gute Maid gar bald erwachte,
Als sie empfand des Glases Hitz,
Sah drum auf ihren Schoß: Potz Blitz!
Da brannt darin ein mächtig Feuer.
Dem Mädchen war nicht grad geheuer,
Vor Angst und Schrecken ward sie blaß
Und rief: »O weh, was ist denn das?
Ich glaub, beim heilgen Michael,
Ich brenne schon an Leib und Seel.
Ach Herr, ach Frau, geschwinde kommt,
Dieweil nur rasche Hilfe frommt.

Wenn erst der Brand ins Stroh gerät,
Ist's für uns allesamt zu spät.«

Und aufgestört von dem Geschrei,
Kam nun die Bäuerin herbei;
Sie fragte, was denn nur geschehn,
Da ließ die Maid ihr Löchlein sehn.
Die Bäurin nahm das Feuer wahr
(Sah nicht den Scherben offenbar):
»Ei, Gertrud, sprich, was fehlet dir?«
Sie sprach: »O weh, es brennt in mir!«
»Es tut dir sicherlich recht weh,
Will drum mit Regen und mit Schnee
Das Feuer löschen, daß es zischt!«
Da kam der Wirt herangewischt.
Die Bäurin sprach: »Ach, komm doch, Mann,
Und sieh dir unsre Gertrud an;
Schaust ein gar großes Wunder hie;
Wie's wohl zuvor auf Erden nie
Geschehen ist: Ein Feuer brennt
Der Magd im Leib.« Da trat behend
Der Bauer zu dem schönen Kind;
Er sprach: »Wer weiß, was ich da find
Und was ihr wirklich ist geschehn!«
Tät hurtig nach dem Löchlein spähn.
Als er nun sah den Höllenbrand,
Da faßt' er hin mit kecker Hand
Und ward im Handumdrehn gewahr,
Daß es ein Spiegelscherben war,
Den vor der Scham man angebracht.
»Nun, Herold, du hast's recht gemacht«,
Sprach da der Bauer, »daß du sie,
Dieweil sie dir zu Willen nie,
Auf diese Weise hast verpicht!
Ich will indes verschweigen nicht,
Wie du in Schrecken uns versetzt. –

Dir, Gertrud, sage ich für jetzt,
Es wär weit besser dir bekommen,
Wenn du ihn in dein Bett genommen,
Dieweil die Mär in kurzer Frist
In aller Leute Munde ist.
Sollt gar ein Schreiber es erfahren
(Der Herr mag uns davor bewahren),
Der wüßt schon etwas draus zu machen
Und brächt die Leute leicht zum Lachen,
Der Schimpf würd ihnen wohlgefallen.«

Ja, so ergeht es ihnen allen,
Die einzig darauf sind bedacht,
Wie man den Mann zum Narren macht.
Drum hütet euch, ihr Mägdelein! –
Gott mög dem Schreiber gnädig sein,
Der dieses Märlein aufgeschrieben
Und sich damit die Zeit vertrieben.

30

Eine Fabel von einem Edelmann,
der seiner Tochter keinen Mann geben wollt,
es sei denn, er mähe an einem Tag weiter,
als sie brunzen könne

Vor Zeiten saß ein Edelmann nicht weit von Coburg, der hatte eine über die Maßen schöne Tochter; die hatte sehr viele Freier, aber sie wollt keinen haben, es sei denn, er könne an einem Tag weiter mähen oder grasen, wie man's denn nennet, als sie brunzen könne. Denn sie hatte eine so enge, daß sie schier eine ganze Meile weit brunzte. Anders, als wenn sie weiter gewesen wär; wie man denn jetzt zu unsern Zeiten gar viel solche Jungfrauen findet, die so enge haben, daß einer meinet, man könnt kaum eine Sauborste hineinbringen; wenn man's aber bei Licht besieht, sind wohl zwei oder drei Kindsköpfe herausgefallen; das red ich nicht von den züchtigen Jungfrauen, sondern von solchen, die so sind. Nun aber unterfing sich mancher Edle und auch Unedle, die Jungfrau zu bekommen. Wenn nun einer einen Tag lang gemäht, so kam die Tochter mitsamt dem Vater zur Nacht, wenn's Feierabend war, und brunzte weit über das hinaus, was er in langer Arbeit geschafft. Und darum konnt sie keinen zur Eh bekommen.

Nun war da aber ein seltsamer Abenteurer, der unterstand sich auch, die Jungfrau zu bekommen, ging zu dem Edelmann und sagte, er wolle um seine Tochter mähen. Da schickt' er ihn auf eine Wiese nach Bamberg zu. Nun gebrauchte der gute Geselle eine List: Er nahm eine gute Flasche Wein und einen guten Braten mit, auch eine Schüssel voll Küchlein samt einem großen Wecken, fing an und mähte einen viereckigen Platz, setzte in eine jegliche Ecke ein Gericht: den Wecken, die Flasche, den Braten und die Küchlein; zog sich danach splitternackt aus. Nun kam die Jungfrau um die Mittagszeit auf die Wiese spaziert, sah den

Schnitter nackt und seinen Zipfel am Bauch; der begann ihm zu wachsen, als die Jungfrau vor seinen Augen herumging. Das tät sie sehr verwundern, sprach: »Ei, lieber Mann, was habt Ihr da für ein Dinglein? Was ist das nur für ein Tier?« Der Schnitter sprach: »Jungfrau, es ist ein Zeiger.« »Ei«, sprach sie, »das ist ein seltsamer Zeiger. Ich hab noch nie keinen solchen Zeiger gesehn. Lieber Schnitter, was zeiget er?« Der Schnitter wandte sich zu dem einen Winkel und sprach: »Er zeigt, daß dort eine Flasche voll Wein steht.« Die Jungfrau lief flugs hin und fand es so, wie er ihr gesagt hatte; sprach: »Das ist ein feiner Zeiger.« Unterdem wandte er sich zu einem andern Winkel. Sprach die Jungfrau: »Lieber Schnitter, was zeiget er jetzt?« Da antwortete er: »Dort in jenem Winkel, zeigt er, steht eine Schüssel voll Küchlein.« Sie lief abermals und fand sie. Des lachte sie, und er wandte sich zur dritten und vierten Ecke gleich wie zuvor. »Ei, behüt mich Gott«, sprach sie, »was ist das für ein feiner Zeiger!« und sprach zu dem Schnitter: »Mein lieber Schnitter, was ißt aber der Zeiger? Ich sehe wohl, daß er ein Maul hat.« Flugs antwortete der Schnitter: »Jungfrau, er ißt nichts als Zucker von Eurem Bauch!« Da lief sie heim und holte eine Handvoll Zucker, sprach: »Lieber Schnitter, da gebt ihm zu essen! Ist es doch so ein feiner Zeiger.« Er nahm den Zucker, legte die Jungfrau ins Gras und streute ihr den Zucker auf den Bauch, legte sich oben drauf und ließ seinen Zeiger auf ihrem Bauch herumkrabbeln; die Jungfrau meinte, er esse also. Nun, unterdem kam der gute Zeiger weiter hinab und fand etwas, da er hineinkroch. Da sprach die Jungfrau: »Ei, was suchet er da drinnen?« Antwortete der Schnitter: »Jungfrau, es ist ihm ein Körnlein hineingefallen, dem sucht er nach.« »Oh«, sprach die Jungfrau, »laßt ihn nur weidlich essen! Es hat mein Vater einen ganzen Karren voll Zucker! Den will ich ihm zu essen geben.« Da nun der gute Gesell oder Zeiger sein Zuckerkorn ertappt, kroch er wieder heraus. Der Schnitter zog sich wieder an, als wollt er mähen, und die Jungfrau ging heim. Als es nun Nacht ward, kam der Vater mitsamt der

Tochter, sah, was der Schnitter gemäht hatte, schien ihm nicht viel zu sein, sprach: »Nun, Tochter, kannst du drüberweg brunzen, so fange an!« Die gute Tochter meinte, sie wollt drüberwegbrunzen, verfehlte es und brunzte auf die Schuh. Des mußt der Schnitter lachen und sprach: »Junker, hab ich die Tochter gewonnen?« Da ward der Edelmann zornig, doch gab er ihm die Tochter.

Also ward aus einem Bauern ein Edelmann. Aber jetzt, da der Adel ausstirbt, da wollen die Schneider und Metzger miteinander um den Adel streiten; wiewohl die Metzger die Hunde und Rosse voraus haben, welche die Schneider erst machen müssen.

Man sagt, und das ist nur zu wahr,
Das Jungfraunfleisch soll dieses Jahr
So schwierig zu bekommen sein
Wie winters warmer Sonnenschein.

31

Eine Historie von einem Reitknecht,
der eine edle Frau nahm und ihr verhieß,
sie alle Nächte zwölfmal über den Rhein zu fahren,
und wie er durch einen Schnitter errettet ward

Vor einiger Zeit saß ein Edelmann in den Niederlanden, der hatte ein schönes junges Weib, an welchem er denn bald starb. Nun wollte die junge Frau keinen Mann nehmen, er verhieße ihr denn, daß er sie in einer Nacht zwölfmal rezidieren oder, wie man auch wohl sagt, über den Rhein führen wollt.

Nun buhlten gar viele um sie, Feine, Wackre, Edle und Unedle; aber sobald sie ihr Ansinnen hörten, zogen sie wieder ab, und wollt sich keiner dazu verstehn. Blieb also eine Witwe wohl über ein Jahr.

Nun hatte sie einen Reitknecht; der lebte bei ihr, seit ihr Junker gestorben war; den brauchte sie zu allen Geschäften, die sie hin und wieder auszurichten hatte. Der fing auch an, mit ihr zu reden, ob sie keinen Mann mehr nehmen wollt. Sie sprach:»Ja, wenn mir einer über den Weg käm, der meinen Worten wollt Genüge tun, so wollt ich bald einen nehmen.« Er sprach:»Was müßt denn ein solcher tun?«Sie erzählte ihm die Sach. Der gute Geselle dacht:»Ist es das, so will ich die Sache schon auf mich nehmen.« Denn er war jung und stark, meinte, er wollt's vollbringen, bedacht auch nicht das Ende. Nun wurden sie des Handels einig, nahmen einander zu der Eh. Als sie nun Hochzeit gehabt, da ging es ein Weilchen gut, an die vierzehn Tag. Zuletzt wollt es ihm doch zuviel werden; deshalb nahm er sich des öfteren allerlei Geschäfte vor, als müßt er ausreiten, damit er desto länger Ruh habe. Das trieb er wohl ein halbes Jahr, wünschte, er wäre nie hingekommen.

Nun trug es sich zu, es war um die Zeit des Heumonats, daß der Junker einen Schnitter in seinem Garten hatte, der sollt ihm das Gras abmähen. Da ging der Junker am Morgen in dem Garten spazieren, war ganz traurig; sprach der Schnitter: »Junker, wie seid Ihr so traurig?« Er sprach: »Ach, ich hab solch ein Anliegen, daß mir kein Mensch helfen kann.« »Ei, wie das?« sprach der Schnitter, »saget mir's! Wer weiß, was ich kann!« Er sprach: »Wenn du mir helfen könntest, wollt ich dir wohl ein neues Kleid kaufen.« Fing damit an und erzählte ihm alles, wie er verheißen hatte, er wolle sein Weib alle Nächte zwölfmal über den Rhein führen, und es jetzt nicht vollbringen könne, sondern Sorge habe, er müsse darüber sterben. »Oh«, sprach der Schnitter, »da will ich Euch fein helfen. Schickt mir zu Mittag die Frau heraus, daß sie mir zu essen bringe. Wenn sie es weiterhin noch von Euch begehrt, so will ich meinen Kopf geben.« Der Edelmann tat es und ging heim.

Unterdes war mein guter Schnitter nicht faul und nahm seine zween Schuh, band sie um den Kopf, und wenn er einen Hieb tat, so schlug ihm der eine Schuh auf die eine Backe und alsdann der andre auf die andere, daß ihm beide Backen so rot wurden, als hätt man sie ihm geschunden. Als ihm nun die Köchin die Frühsuppe brachte, sah sie, daß sich der Schnitter also schlug, dachte: »Ach Gott, was tut der Schnitter nur!« und getraute sich doch nicht zu fragen. Da sie heimkam, sagte sie es der Frau, wie sich der Schnitter so übel schlüge. Das wollt die Frau auch sehen und ging zum Mittagsmahl mit der Magd hinaus in den Garten, das Wunder zu schauen. Als sie den Schnitter sich also schlagen sah, dacht sie: »Ach Gott, was ist nur das für ein Ding, daß sich der arme Mann also schlägt!« Ging hin und spach: »Lieber Schnitter, wie gehabt Ihr Euch so seltsam, daß Ihr Euch also wehe tut und Euch selber also schlaget?« »Seht Ihr's, Frau, ich muß also büßen.« »Ach«, sprach die Frau, »was habt Ihr getan, daß Ihr eine so harte Buß habt?« »Oh«, sprach er, »ich kann's Euch nicht sagen.« »Wieso, mein lieber Schnitter? Ich bitt gar fleißig, Ihr wollt mir die Antwort nicht versagen.« Da fing der gute Schnitter an und sprach: »Meine liebe Frau, als ich seinerzeit mein Weib nahm, da verhieß ich ihr, ich wolle sie alle Nächte zehnmal über den Rhein führen. Das hab ich lange getrieben, bis vor einem Jahr; da ist sie, mit Verlaub zu reden, zwischen Fud und Arsch auseinandergerissen, so daß sie fortan keinem Weib mehr gleich und keinem Mann mehr von Nutzen ist. Darum, liebe Frau, muß ich meine Sünde also büßen in diesem Leben.« »Ach«, sprach die Frau, »das ist aber eine große und harte Buß, daß Ihr Euch also schlagen müßt!« Dacht bei sich: »Ist's jener von zehen Malen gerissen, wieviel mehr wird's mir von zwölf Malen reißen!« Doch fragte sie: »Mein lieber Schnitter, wie lang habt Ihr's getrieben?« Er antwortete: »Ich hab es nicht ganz ein halbes Jahr getrieben.« Da dacht die Frau: »Ich muß sehen, daß es mir nicht auch also gehe.« Hatte wohl gemeint, der Schnitter hätt's etwa drei oder vier Jahr lang getrieben, sie wolle es schon noch länger ertragen. Als sie aber hörte, daß es nur eine so kurze Zeit gewesen, ging sie heim und tat wie folgt.

Als sie heimkam, setzte sie den einen Fuß auf die Bank und sprach zu ihrer Magd: »Liebe, sieh, hat's noch weit zwischen den zweien Löchern, ich mein: bis daß es zusammengeht?« Die Magd sah hinab, fing an und sprach: »Ei, meine liebe Frau, es ist auf meinen Eid kaum ein so breites Steglein dazwischen, daß ein Floh drüberkriechen könnt.« Da dacht die Frau: »Ich sollt gemach tun, daß es nicht ganz auseinanderreißt.« Und als sie sich zur Nacht niederlegte, fing der Mann an in altgewohnter Weise und fuhr einmal dahin. Als er das zweite Mal hinüber wollt, sprach sie: »Mein lieber Mann, du hast mir vor einiger Zeit ein Gelübde getan, das mußt du nicht halten, denn ich will dich seiner ledig sprechen; du brauchst es nicht öfter zu tun, als es dich gelüstet.« Da sprach der Mann: »Mein liebes Weib, wenn du es denn nicht öfter und mehr haben willst, so wollen wir's gleichsam nur zu unserer Notdurft tun. Wenn du es aber willst, so will ich fortfahren, wie ich es dir verheißen hab.« Sie sprach: »Es muß nicht sein; wir werden auch so gut miteinander auskommen.«

Als es nun Morgen war, ging der Edelmann wieder zu dem Schnitter und sprach: »Du hast deine Sach redlich ausgerichtet. Ich will dir das Kleid kaufen.« Und ging mit ihm zu dem Gewandschneider, kaufte ihm Hose und Rock und schenkte ihm einen blanken Gulden, ließ ihn laufen und gebot ihm, er sollt nichts davon sagen. Des war der Schnitter wohlzufrieden, schwieg also still; und ward der Edelmann seiner großen Nachtarbeit ledig.

Dabei soll ein jeder bedenken, daß er nicht mehr anfange, als er auszuführen vermag. Mancher verheißt viel und hält wenig. Darum sieh zu: wenn du etwas anfängst, so führe es redlich aus oder laß es ganz sein!

> So mancher fängt gar vieles an,
> Das er hernach nicht ausführn kann.
> Darum sieh zu bei allen Dingen,
> Ob du sie kannst zu Ende bringen.

Wie ein junger Gesell einer im Schlaf
ein Kind machte

War da einmal eine gute schläfrige Dirn, die auch lieber umsonst geschlafen als um Geld gearbeitet hätte. Dieselbige wurd einmal von ihrer Mutter in den Garten geschickt. Nun, als die Dirn in den Garten gekommen, ist sie eingeschlafen; ich weiß nicht, ob sie die vergangene Nacht gewacht hatte oder ob sie vom Graben müd geworden.

Nun lebte aber ein junger mutwilliger Gesell in demselben Flecken, dem keine Bosheit zu viel war und der um der Jungfrau Gewohnheit, was das Schlafen anging, wohl wußte. Und einstmals begab es sich, daß er zu dem Garten ging, sah die Jungfrau auf dem Rücken liegen und schlafen; dacht bei sich, daß sie nicht so leicht erwachen würde, weshalb er sein Heil versuchen wolle. Nun, er besann sich nicht lang, trat in den Garten und fing an, mit der Jungfrau, die da schlief, zu scherzen, und machte des Scherzens so viel, daß die Jungfrau schwanger ward. Und als er sein Sächlein gemacht, legt' er ihr eine Birne drauf, ging hernach wieder aus dem Garten, von jedermann ungesehen.

Als aber die Jungfrau erwachte, fand sie sich geschwächt, wußte jedoch nicht von wem; ging traurig nach Haus und klagte ihrer Mutter die Sach, die sie zu allem Überdruß gar heftig schlug. Womit ihr dennoch nicht geholfen war, mußt den Schaden für sich behalten.

Die Teufelsacht

In jenen längst verfloßnen Tagen,
Als man den alten Bund zerschlagen
Und uns dafür den neuen gab,
Als noch die Treue führt' den Stab,
Als Mann und Frau (wie ich erfahren)
Noch ohne jede Falschheit waren:
In eben jenen guten Tagen,
Da lebte – wie die Leute sagen –
Ein Mägdelein gar zart und fein,
Dem soll dies Lied gewidmet sein.
Die Mutter tät sie, wohlerfahrn,
Vor jedem Mißgeschick bewahrn.
So gingen zwanzig Jahre hin.
Indessen stand ihr nie der Sinn
Nach dem, was Minne wird genannt;
Das war ihr gänzlich unbekannt.
Doch die Verwandten wollten nicht
(Und das ist schließlich ihre Pflicht),
Daß sie 'ne Jungfer bleiben möcht.
Der Mutter war das nur zu recht.
Sie sprach: »Fürwahr, die Zeit ist kommen,
Da ihr der Ehestand wird frommen.«
Eh man der Sache sich versah,
War allbereits ein Freier da,
Der sich zum Ehegatten schickte
Und der das Mädchen gern beglückte.

Als nun der Tag, da man die beiden
Vermählet hatte, wollte scheiden,
Da sah man vor dem Schlafengehn
Die Mutter bei der Tochter stehn.
Sie sprach: »Nun rüste dich zur Fahrt!

Ich weiß sehr wohl, was deiner harrt.
Doch was dein Mann auch mit dir tut,
Das heiß von ganzem Herzen gut,
Das sollst du williglich ertragen,
Auch wird's dir sicher selbst behagen –
Nur laß mich keine Klagen hören,
Sonst werde ich dich *mores* lehren!«
Sie führt' das Mädchen bei der Hand
Dorthin, wo schon das Brautbett stand,
Ließ sich noch kurz beim Bräutgam sehn
Und riet auch ihm, ins Bett zu gehn.

Er unterzog sich gern der Pflicht
Und säumete da länger nicht:
So ward das schöne Kind gelehrt,
Auf welche Art die Welt sich mehrt.
Doch wie er so am Werken war,
Schien ihr wohl manches sonderbar.
Sah ihn darum gar liebreich an:
»Wie heißt man das, mein lieber Mann,
Was wir hier tun? Das sage mir!
Wie lieg ich doch so seltsam hier.
Es dünkt mich eine fremde Sitt!«
»Den Teufel ächtet man damit,
Es schafft ihm Leid und große Pein«,
So sprach er zu der Fraue sein.
Die Minne war ihr unbekannt;
Indes sollt dieser Übelstand
Nicht lange währn; denn wohlgemut
War ihr der Bräutigam gar gut.
Tat, was in solchem Fall sich schickt,
Die Maid war selig und beglückt
Von seinem Minnedienst; sie sprach:
»Schafft dies dem Teufel Ungemach
Und kann man damit ihn verjagen,
Will ich gewißlich nicht verzagen.

Drum frisch ans Werk, herzlieber Mann,
Ich helfe Euch, so gut ich kann,
Den Teufel in die Acht zu zwingen;
Laßt uns das große Werk vollbringen,
Auf daß dem ungetreuen Wicht
Noch heut erlösch das Lebenslicht.
Macht mit mir, was Ihr wollt, Herzlieber!
Mir wird das Ding so leicht nicht über,
Da es dem Bösen also leid.
Bin gern zum Ächtungswerk bereit.«
Da stritt das holde Mägdelein
Mit dem Herzliebsten im Verein,
So gut sie immer es verstund;
Nun wehe dir, du Höllenhund!
Des Ächtens wurden beide froh,
Sie ächteten *fortissimo*.
'ne gute Weile trieben sie's,
Bis sie am End die Kraft verließ;
Da mußten sie nach dem Vergnügen
Vorerst ein Weilchen stille liegen.

Wie war der Maid so wohl geschehn,
Und tief beglückt tät sie gestehn:
»Wie lob ich doch das Ächten mir!
Drum, böser Satan, merke dir,
Seitdem ich dich zu ächten weiß,
Zieh ich um mich den Zauberkreis.«
Ihr Mann war ihr darob nicht gram,
Weshalb er in den Arm sie nahm;
Er drückte ihre lichten Wangen
Ganz nah an seine. Voll Verlangen
Er ihre roten Lippen küßt',
Wohl dreißigmal in kurzer Frist.
Da er geküßt die holde Maid,
Bat sie gar bald ihn um Bescheid:
»Ach, mein Geliebter, tu mir kund,

Warum hast du mit deinem Mund
So oft berührt die Lippen mein?
Ich frage mich: Was mag das sein?
Kann mich auf derlei nicht besinnen.«
Der Bräutgam sprach: »Man heißt es Minnen.
Doch nun, Geliebte, sage mir,
Was von den zwein ist lieber dir?
Ist es die Minne, ist's die Acht?«
Das schöne Kind sprach wohlbedacht:
»Muß denn, wenn wir das eine tun,
Das andre unterdessen ruhn,
Geht also (sprach die holde Maid)
Nun beides nicht zur gleichen Zeit,
Sollt man nach dem am ehsten streben,
Womit man sich das ewge Leben
Erringt und auch den Teufel jagt.
Mir hat's die Mutter oft gesagt,
Auch gab der Pfarrer mir die Lehr,
Daß wohl kein Ding so gräuslich wär
Wie der Verdammnis schwarze Höll;
Weshalb wir denn auch auf der Stell
Die Minne sollten fahren lassen
Und mit dem Ächten uns befassen.«
Der Gottesdienst behagte ihr:
Die weißen Glieder, schmuck und zier,
Die streckt' sie dem Gesellen hin.
»Auf, wackrer Held, nun richt den Sinn«,
So sprach sie, »einzig auf die Acht.
O selig der, der dies erdacht,
Daß so die Seele mag genesen
Und nicht allein durch Psalter lesen.
Auf, auf, Gesell, zu frischen Taten!
Der Minne will ich gern entraten,
Doch soll für alle meine Sünden
Der Satan keine Gnade finden,
Er schere sich zur Hölle.

Zum Kampf, zum Kampf, Geselle!
Rück näher drum zu mir heran
Und ächte wie ein echter Mann.«

Sie ächteten nun im Verein
Und schlangen dabei Arm' und Bein'
Und Händ und Füße durcheinand,
Man hätte nur mit Müh erkannt,
Was ihm, was ihr gehörte.
Das muntre Treiben währte
So lang, bis daß die Kräfte schwanden
Und unsre beiden wiederfanden
Händ, Arme, Bein' und Füße.
Wie war das Ächten süße!
Da ruhten sie denn Seit an Seit.
Indes empfand die schöne Maid
Ob ihrer Sünden heftge Reu:
»Bedenk ich's recht, bei meiner Treu,
Lud ich auf mich der Sünden viel.
Doch will ich beichten, mein Gespiel,
Dir alles jetzt, nichts sei verhohlen.
Hab meine Mutter oft bestohlen,
Denn was ich auch im Hause fand,
Ich gab es hin für eitlen Tand:
Für Nadeln, Bänder, Ringelein;
Drum wird mir auch beschieden sein
Ein Platz in Satans Hölle.
Ach, trautester Geselle,
Hilf du mir büßen meine Schuld,
Und dir ist sicher Gottes Huld.
Wohl ihm, der diesen Weg erdacht!
Frisch auf alsdann zur dritten Acht,
Würd ich ansonst doch nimmer froh!«
Und wie's zuvor geschehen, so
Geschah's zum dritten Male jetzt.
»Wen dieses Ächten nicht ergetzt,

Den hat so leicht kein Herze lieb.
Drum, Luzifer, du Seelendieb,
Ich bring dir Schmach und Schand und Leid,
Sieh hier zum Ächten mich bereit:
Ich will nicht ruhn bei Tag und Nacht,
Bis daß das gute Werk vollbracht.«
Hei, wie es da ans Ächten ging,
Wie eins das andere umfing!
Fürwahr, sie redeten nicht viel.
Doch schließlich, müde von dem Spiel,
Entschliefen sie.

Schon stand der Tag
Im hellen Glanz. Die Braut erschrak
Und weckte eilends ihren Mann:
»Wach auf, schon klopft man draußen an!«
Die Mutter war's, sie wollte wissen,
Ob sie noch lägen in den Kissen;
Pocht' an die Türe unverdrossen,
Bis man ihr endlich aufgeschlossen.
Sie sprach: »Gott grüß euch, Kinder!
Rosse und auch Rinder,
Korn und Saft der Reben
Mög euch der Herrgott geben!
Dazu bescher er Glück und Heil,
An Reichtum ein erklecklich Teil.
Auch laß in alle Ewigkeit
Des Himmels hohe Seligkeit
Euch beide er genießen.«
Tät drauf die Türe schließen,
Daß sich die Kinder anziehn möchten,
Und sah auch sonst noch nach dem Rechten.
Trat hin zum Bett mit leisen Schritten,
Die Gute fand es ganz zerritten
Vom Ächtungswerk der letzten Nacht;
Indessen war es bald gemacht.

Da nahm sie aus dem Wäscheschrein
Ein Leinenfutter, weiß und fein,
Und knüpft' es mit geübter Hand
Auf einen weißen Pelz, der stand
Gar wunderbar der holden Maid
Zu ihrem scharlachroten Kleid,
Wie war die Braut so schmuck und schön!
Die Mutter sprach: »Nun laßt mich gehn
Und wollt so lange hier verweilen,
Will flugs zu unsern Nachbarn eilen,
Dieweil's schon immer Sitte war,
Daß man sich mit dem jungen Paar
Bei einem Morgenmahl ergetzt,
Ich hab's auch schon ins Werk gesetzt.«
Sie sprachen beide: »So soll's sein!«

Da brachte man denn Brot und Wein,
Gesottnes und auch Braten;
Das Haus war wohlberaten.
Sie aßen viel, sie aßen gut
Und waren voller Übermut.
Die Mutter sah zur Tochter hin:
»Was ging dir eben durch den Sinn?
Woran hast du, mein Kind, gedacht?«
»Ei daran, daß ich heute nacht«,
Erwiderte das Mägdelein,
»Zusammen mit dem Liebsten mein
Den Teufel in die Acht gezwungen,
Dreimal ist uns das Spiel gelungen.«
Erzählte nun mit heißen Wangen,
Wie's ihr die letzte Nacht ergangen.
Auch war ja, was sie sagte, wahr.
Den Gästen nur schien's sonderbar,
Die lachten laut und sahn sich an.
Des schämte sich der junge Mann,
Man sah es wohl, er ward ganz rot.

Die Mutter alsogleich gebot
Der Tochter, daß sie stille wär,
Dieweil dergleichen schamlos Mär
'ne junge Braut fürwahr nicht adle.
»Ei Mutter«, sprach sie drauf, »nun tadle
Mich nicht. Was ich heut nacht begann,
Du hattest deinen Anteil dran.
Und nunmehr soll ich schuldig sein? –
Ich will dir sagen, Schwesterlein«,
Sprach sie zu ihrer Schwägerin,
»Als ich zu Bett gegangen bin,
Ließ mir die Mutter keine Ruh,
Sie bat und redete mir zu,
Daß ich auch willig täte,
Worum dein Bruder bäte.
Und damit legte man mich nieder;
's ist wahr, ich hatte nichts dawider,
Tat alles, was er wollte,
Und wie ich liegen sollte,
So legte ich mich alsbald hin.
Vernimm, daß ich entschlossen bin,
Auch fürder mich daran zu wagen,
Den Teufel in die Flucht zu schlagen,
Werd's sicherlich noch besser machen.«
Da mußte ihre Mutter lachen,
Sie sprach: »Ei nun, mein Töchterlein,
So will denn ich die Schuldge sein.«
Man schwieg vorerst, die Frauen blieben,
Das Mannsvolk ward hinausgetrieben;
Dann aber brach ein Lärmen los,
Und jede fragte, was es bloß
Mit jenem Ächten auf sich hätt,
Wie denn der Höllenfürst im Bett
Hatt leiden müssen solche Pein.
»Mein Liebster packte meine Bein'«,
So sprach die Braut, »und drückte sie

So weit hinauf, bis daß die Knie
Ganz nahe warn dem Herzen.
Im Anfang litt ich Schmerzen,
Indes, was sollt ich mehr euch sagen:
Hat man den ersten Schmerz ertragen,
So wird das Ächten lind und süß;
Drum rat ich jedem, daß er büß
Die Sünden sein, indem er grad
So tut, wie ich dem Teufel tat.
Man sucht das Heil auf manche Art:
Der eine auf der Pilgerfahrt,
Fährt gar am Ende übers Meer
(Setzt derart sich dem Feind zur Wehr);
Der andre wieder schwört aufs Fasten,
Läßt vierzig Tag den Magen rasten
Für die begangnen Missetaten;
Und wieder andre hört man raten:
Daß alles Fasten dann nur nützt,
Wenn man's durch Beten unterstützt. –
Ich büße anders meine Sünden:
Will mit dem Liebsten mich verbünden,
Um mit ihm aus den Klaun des Bösen
Manch arme Seele zu erlösen,
Die so, dank unsrem frommen Tun,
In Gottes Paradies wird ruhn.
Ach, was ist schöner als die Acht!
Ich ruh so sanft, wenn wir's vollbracht,
In meines Mannes Armen.
Ich habe kein Erbarmen
Mit dem, der in der Hölle thront;
Er sei auch fürder nicht verschont!
Ihm und den bösen Höllenhunden,
Die nur dem Laster sich verbunden,
Gilt meine Feindschaft allezeit.
So wißt, ihr Frauen (sprach die Maid),
Daß ich den Teufel ächten werde,

Solang ich leb auf dieser Erde!«
Bald drauf ließ sich ein Bote sehn:
Sie sollten in die Kirche gehn.
Man tät zum Kirchgang sich bequemen,
Indes ließ sich die Braut vernehmen:
»Erfreuet Gott denn dies allein?
Wenn ich und der Geselle mein
Erstmal in diesem Hause schalten,
Wolln wir es hiermit anders halten.« –
So liegen sie seit jener Zeit
Denn mit dem Bösen stets in Streit,
Auf daß er sich von ihnen wende.
Die Mär jedoch hat hier ein Ende.

34

Drei Bäurinnen bezahlen einen Wirt
zu Hagenau mit drei Rätseln

Ein Dorf liegt nicht weit von Hagenau, Batzendorf genannt;
daraus gingen drei Frauen gen Hagenau auf den Markt, Käs,
Butter, Gänse und Hühner zu verkaufen. Und als sie die
Ware nun verkauft hatten, kaufte ihrer jede, was ihr zu ihrer
Notdurft vonnöten war, so daß sie nicht viel des Gelds übrig
behielten. Nun war es schon spät am Tag, dazu ein gar heißer
Tag, so daß die guten Weiblein sehr hungrig und durstig
waren; aber sie hatten zu dritt nicht mehr denn sechs Pfennig
zu ihrer Verfügung. Was war zu tun? Sie ging mit sich zu Rat,
wie sie es angreifen wollten, daß sie ihren Hunger und Durst
stillen möchten. Da fing die eine an: »Wir wollen in die
Herberg zum Schwert ziehen, ein halb Mäßlein Weins trin-
ken und für zwei Pfennig Brot dazu nehmen.«

Wohlan, sie ziehen hin, lassen sich Wein und Brot bringen.
Und als sie hineinkamen, saß da eine Schar guter Zechbrüder
beieinander, ließen sich tapfer und nach Herzenslust auftra-
gen: Hühner, Gäns und anderes Geflügel, *in summa* was der
Wirt nur Gutes hatte. Ach Gott, die guten Weiblein saßen am
Tisch daneben, der gute Geruch ging ihnen in die Nase,
hätten auch gern mitgezecht, aber da war kein Geld. Sie
gingen mit sich zu Rat: wollten auch etwas Gutes haben, der
Wirt müßt ihnen bis zum nächsten Markttag borgen; ließen
sich auftragen, was der Wirt Gutes hatte, zechten und waren
frohgemut, scherten sich den Teufel darum, wie der Wirt
bezahlet würde. Da sie nun wohl gezecht, kam des Wirts
Knecht, machte die Zech, also daß ihrer jede zween Batzen
verzehrt hatte. Da sahen sie einander an und sagten zum
Knecht, da wär kein Geld, der Wirt müsse ihnen auf einen
oder acht Tag borgen. Der Knecht zeigt' es dem Wirt an. Der
kam zu ihnen in die Stube und sagte: »Wohlan, ihr Weiblein,
ich hör, daß ihr kein Geld habt. So will ich's also machen: Ich

will einer jeden ein Rätsel aufgeben, und welche das ihre rät, die soll ihre Zech gewonnen haben; welche aber das ihre nicht rät, die muß mir ein Pfand geben.« *In summa* sie waren wohlzufrieden.

Da fing der Wirt an und fragte die erste (dieweil er ohnehin ein Spaßvogel war): »Sag mir, ob dein armes Töchterlein jünger oder älter ist, als du bist!« Die Frau fing an und sagte, ihre arme Tochter wäre jünger. Der Wirt sagte: »Warum?« Die Frau antwortete: »Darum, daß ich Zähne hab und sie hat noch keine.« Der Wirt lachte und sagte: »Wohlan, du hast deine Zech redlich gewonnen.« Fing an und fragte die andere, sprach, sie sollt ihm sagen, ob ihr Ketterlein älter oder jünger wär denn sie. Die Frau gab Antwort und sprach, ihr Ketterlein wär älter. Er fragte weiter: »Aus welchem Grund?« Sie gab Antwort und sprach: »Aus dem Grund, daß sie einen Bart hat, und ich hab keinen.« Der Wirt verwunderte sich, daß die Weiber also schlagfertig und geschwinde Antwort gaben, sagte auch zu dieser: »Wohlan, du hast deine Zech gleichfalls redlich verdient und wohl geantwortet.«

Fragte nun auch die dritte und sprach: »Rat auch du, ob deine Profunzen älter oder jünger ist denn du!« Sie antwortete flugs und sprach: »Sie ist jünger denn ich.« Der Wirt sagte: »Woran siehst du's oder woher weißt du's?« Sie sprach: »Daher weiß ich's, daß sie noch saugt, und ich sauge nimmer.« Der Wirt lachte und sagte, sie hätten alle drei wohl geantwortet und das Gelag wohl verdient.

Die Umstehenden lachten der guten Schwänke nicht wenig. Und tät der Wirt den Knecht rufen, befahl ihm, er sollt den Frauen noch eine Maß Wein bringen, damit sie voll und fröhlich heimkommen möchten, was denn auch geschah. Als sie sich aber auf den Weg machten und heimgehen wollten, da hätt einer ein possierliches Herumtorkeln und Niederpurzeln sehen mögen. Jetzt lag eine hier, drauf die andre dort, dergestalt, daß sie nicht viel ganze Häfen, Pfannen und Töpfe heimbrachten, ganz davon zu schweigen, daß sie gar wacker gespien, was indes nicht weiter verwunderlich.

Ein junges Mädchen teilte drei Eier dergestalt aus, daß neun daraus wurden

Ein Biedermann hatte drei junge, gerade, schöne Töchter, deren jegliche gern einen Mann gehabt hätte. Nun war's dem guten Vater zuviel, seine Töchter alle drei auf einmal zu verheiraten. Gebrauchte deshalb eine List und sprach:»Liebe Töchter, eine jede hätt gern einen Mann. Nun geht das über mein Vermögen, deshalb will ich es also machen: eine jede nehme hin drei Eier, und welche ihre Eier am besten anzulegen weiß, also, daß die meisten daraus werden, derselbigen will ich einen Mann geben; die andern müssen noch ein wenig warten.«

Da fing die älteste Tochter an und sprach:»Vater, gib mir drei Eier!« Die nahm sie und sott sie hart, gab dem Vater das eine und sprach:»Sieh her, Vater, das ist ein Ei, und hast du zwei, das sind drei.« Danach gab sie der Mutter eins und sprach:»Da hast du auch eines, und gibt dir zur Nacht der Vater zwei, so hast du auch drei. Und ich will das dritte behalten; gibst du mir dann einen Mann, so gibt mir derselbige zwei, so hab ich dann auch drei.« So viel rechnen konnte keine ihrer Schwestern, daß sie aus drei Eiern neun hätt machen können. Also behauptete sie das Feld, und mußt ihr der Vater einen Mann geben.

Eine Maid verklagt einen jungen
Gesellen vor der Königin

Eine Maid oder Jungfrau (wie man ihrer denn jetzt viele findet) verklagte einen jungen Gesellen vor der Königin, daß er ihr wider ihren Willen die Jungfernschaft oder das Magdtum genommen. Das leugnete der gute Gesell und sprach, daß er sie gar nicht gezwungen hätte, sondern sie selbst dazu willig gewesen wär. Die Königin, die der Sache bald ledig werden wollt, hieß ihr ein Schwert bringen, welches sie herauszog und der Maid in die Hände gab, sie aber behielt die Scheide und sagte zu der Dirn, sie solle das Schwert hineinstecken. Aber die Königin wackelte mit der Scheide hin und her, so daß jene das Schwert nicht hineinstecken konnt und zu der Königin sprach: »Gnädigste Frau, ich kann's nicht hineinstecken.« »Wohlan«, sprach die Königin, »hättest du dich auch also gewehrt, wie der Gesell zu dir gekommen, so hätt er deine Jungfernschaft nicht genommen. Darum zieh hin, der Gesell ist deiner ledig.«

Wenn man's mit allen Schlampen also machte, so würden sie sich daran stoßen und sich nicht gleich unter einen strecken. Aber sie meinen, wenn sie einen wackern Gesellen betrügen können, so hätten sie Recht getan. Was aber hernach für gute Ehen daraus werden, sieht man wohl täglich. Ein jeglicher hüte sich!

Ein Winzerknecht beschläft seines Meisters Weib

Ein Winzer arbeitete einmal mit seinem Knecht in den Reben. Und als es Mittag war, sagte er zu dem Knecht: »Knecht, geh heim und heiß dir Eier in Schmalz backen und iß; hernach komm wieder heraus! So will ich dieweil heraußen warten.« Der Knecht ging heim zu der Frau und sprach: »Frau, der Meister hat gesagt, ich soll bei Euch liegen.« – »Ei«, sprach das töricht Weiblein, »das meinest du.« Lief flugs hinaus zum Mann in die Reben und sprach: »Mann, soll ich's tun?« – »Ei, du Närrin«, sprach der Mann, »hast du's noch nicht getan? Geh heim geschwind und tu es!« (Er meint' aber, sie sollt dem Knecht Eier in Schmalz geben.) Die Frau fragte nicht weiter, lief so schnell sie konnt heim und sprach zum Knecht: »Jetzt glaub ich dir's wohl, denn der Meister selber hat's mich geheißen.« Der Knecht nahm das Weiblein, legte es auf den Tisch und hackte ihr daselbst ein gutes Fell herab und ließ sie laufen.

Da nun der Meister heimkam, fing der Knecht an und beklagte sich, die Frau hätt ihm die Eier nicht genug gebacken. Als das der Meister hörte, ward er zornig und sprach zu der Frau, sie sollt daran denken und die Eier ein andermal besser backen. Der Knecht und die Frau waren es wohlzufrieden, täten hernach noch des öftern solche Eier backen und miteinander essen.

Eine Frau fragt ihren Mann, wie lieb er sie hätt

Ein Edelmann hatte eine Frau, die ihm Tag und Nacht mit Bitten zusetzte, er sollt ihr doch sagen, wie lieb er sie hätt. Der Edelmann, der sie schon lange Zeit hingehalten, antwortete und sprach: »Du bist mir so lieb wie ein gut oder heimlich Scheißen.« Solche Red kam die Frau hart an, meinte, er wolle sie also verächtlich machen; hatte die Red in keiner Weis so verstanden, wie sie der Edelmann gemeint; weshalb sie gar traurig ward und auf ihren Mann zu zürnen begann.

Es begab sich nun einmal, daß der Junker die Frau im Arm hatte und Kurzweil mit ihr trieb; da verspürte die Frau ein heimlich Drängen und begehrte an den Ort, dahin sie die Notdurft zwang. Der Edelmann ward solches bald gewahr und wollt die Frau, wie sehr sie auch bat, mitnichten gehen lassen; hielt sie vielmehr zurück und fragte sie immerfort, was sie doch tun wolle. Nun vermocht die Frau nicht länger zu warten, ward zornig und sprach: »Ei, Lieber, laßt mich doch gehn! Ich muß (mit Verlaub zu melden) scheißen!«

Als solches der Edelmann hörte, sprach er: »Frau, siehst du jetzt, wie lieb ich dich hab? So wenig du ohne solches, das du jetzt zu tun begehrst, zu leben vermagst, so wenig vermag ich ohne dich zu leben; und so lieb dir solches ist, also lieb hab ich dich.« Da erkannte die Frau erst, wie lieb sie der Mann hatte, und hatte auch ihn fürderhin gar lieb.

Von dem hochwürdigen geistlichen Stand – als da sind Pfaffen, Mönche, Nonnen etc. –

Das letzte Kapitel

39

Ein Pfaff verliert seinen Puphahn

In einem Dorf saß ein Pfaff, dem keine Büberei mit Weibern zuviel war, wie schier aller Pfaffen Gewohnheit ist. Derselbige Pfaff buhlte neben anderen Weibern, so er an sich gehängt hatte, um eine reiche Bäurin. Und des Nachts kam er allerwegen zu ihr vor das Fensterlein, wenn sie beim Mondschein spann, und schwätzte mit ihr. Der Bauer lag indes auf einem Brett hinter dem Ofen und hatte eine alte Laute, drauf ratzte er eins gegen die Langeweile, und konnt somit nicht hören, wer mit der Frau redete. Wenn es dann der Frau an der Zeit schien, hieß sie den Mann schlafen gehen und ließ den Pfaffen zu sich herein.

Nun war aber ein junger Gesell im Dorf, der wußt wohl, daß der Pfaff um des Bauern Frau buhlte. Ging deshalb zum Bauern und sprach: »Bauer, wollt Ihr mir Euern Hof geben, so will ich Euch dienen, bis Eure Frau weder Deutsch noch Welsch kann und dennoch bei frischem, gesundem Leben ist.« »Gott«, gedacht der Bauer, »du mußt mir lange dienen, bis meine Frau weder Deutsch noch Welsch kann.« Sprach zum Knecht: »Wohlan, es sei dem also. Wenn du mir dienst, bis meine Bäurin weder Deutsch noch Welsch kann, so will ich dir meinen Hof zu eigen geben und den Kauf vor redlichen Leuten beschließen.«

Nun stand der Knecht in seinem Dienst und fing an zu dienen. Und als er eine Zeitlang gedienet hatte, begab es sich eines Tages, daß des Bauern Frau abermals den Pfaffen beschieden hatte. Da sprach der Knecht zum Bauern, seinem Meister: »Meister, geht heut nacht nicht ohne Eure Frau schlafen! Denn sie hat den Pfaffen zu sich beschieden.« »Ist gut«, sprach der Bauer, »laß mich nur machen!« Und als man zu Nacht gegessen hatte, nahm der Bauer seine Laute und legte sich auf das Brett hinter dem Ofen und fing an zu schlagen.

»Ei«, sagte die Bäurin, »du brauchst meiner nicht zu warten. Geh nur hinein schlafen! Ich will noch eine Stund oder zwei beim Mondschein spinnen, damit wir auch Leinwand bekommen.«

»Nein wahrlich«, sprach der Bauer, »ich tu es nicht. Du mußt mit mir gehn, gleichviel, wie sauer du deshalb dreinsiehst.« Die Frau wehrte sich, so heftig sie konnte; aber es half ihr nichts. Mußt vielmehr mit dem Mann schlafen gehen.

Und als die Frau schlafen gegangen, nahm der Knecht einen Schleier, band ihn um, setzte sich mit dem Rocken an das Fenster, da die Frau gewöhnt war, mit dem Pfaffen zu schwätzen, und wartete seiner. Nach einer kleinen Weile kam der Pfaff und fing an mit dem Knecht zu schwätzen; meinte, es sei die Bäurin. Und da es dem Knecht an der Zeit schien, hob er an und sprach: »Mein lieber Herr, ich kann heut nacht nicht zu Euch kommen; denn mein Mann liegt hinter dem Ofen und schläft. Aber gebt mir den Euern! So ist es ebenso gut, als wäret Ihr selbst bei mir.« Der Pfaff bot seinen Puphahn, der eben zur selben Zeit wohlgerüstet stand, zum Fenster hinein, wo ihn der Knecht sogleich mit einem Messer abschnitt. Ach Gott, ach Gott, hatte der gute Herr seinen etcetera Bundschuh verloren, zog traurig heim, wogegen der Knecht fröhlich war.

Und als es Morgen ward, kam der Bäurin zu Ohren, daß der Pfarrherr krank wäre. Weshalb sie ein Hühnlein zum Feuer setzte und zum Mann sprach: »Ich will gehn und sehen, was unser Herr Pfarrer tut, und ihm ein Hühnlein kochen.« Als nun das Hühnlein gekocht war, ging sie wieder hinein und sagte: »Wohlan, ich will gehn. Und bleib du unterdes daheim!« Dieweil aber die Frau in der Stuben war, ging der Knecht in die Küche, nahm das Hühnlein aus dem Hafen und legte des Pfarrherrn Armütlein, welches er ihm abgeschnitten, hinein, fraß das Hühnlein und ließ jenes liegen.

Da nun die Frau den Hafen nahm, lugte sie nicht wieder nach dem Hühnlein, sondern ging den nächsten Weg zum

Pfaffen, den sie, so gut sie es vermochte, tröstete; sprach, sie hätt ihm ein gutes Hühnlein gekocht, das sollt er essen um ihretwegen. Nahm eine Schüssel und wollt das Hühnlein anrichten. Ach Gott, da war es des Pfaffen Penitenzer. Die Frau erschrak gar sehr, wußt nicht, was es war. Doch als der Pfaff ihn erblickte, dacht er wohl, es wäre sein Entenschnabel; sprach flugs zur Bäurin: »O liebe Bäurin, streckt mir Eure Zunge in den Mund! Mir ist, als würd ich gesund davon werden.« »Ja, mein Herr, gern!« sagte die Bäurin, streckte dem Pfaffen die Zunge in den Mund. Und der Pfaff, der da meinte, sie hätt ihm den Seinen abgeschnitten und zu allem Überfluß gekocht, biß der Bäurin schnell die Zunge ab. Ach Gott, die gute Bäurin hatte ihre Zunge ohne Schuld verloren, kam heim und hätt gern geredet; doch konnt sie nichts anderes sagen denn: »Lall, lall, lall, lall.«

Als solches der Knecht hörte, trat er keck herfür und sprach: »Bauer, jetzt hab ich den Hof redlich gewonnen. Denn die Bäurin kann weder Deutsch noch Welsch, sondern spricht allerwegen: ›Lall, lall.‹ Könnt Ihr sagen, daß es Deutsch oder Welsch ist, so will ich gern verloren haben.« Ach Gott, was wollt der gute arme Bauer tun? Er konnt weder Deutsch noch Welsch aus seiner Frau Lallen machen, sondern gab dem Knecht seinen Hof; und zog davon, um fortan in der Fremde ein kümmerliches Dasein zu fristen.

40

Eine Frau sagt, wenn sie schlottert, müßt sie bei dem Pfaffen liegen

Ein Pfaff in einem Dorf war oft zu Gast bei einem Bauern seiner Pfarr; ging indes wohl mehr der Bäurin zulieb in das Haus, als daß er die Kinder lehrete das Vaterunser beten. Und eines Tages, als er den Bauern abwesend wußt, ging er ins Haus zu der Bäurin, die er eben ein Mus oder Haberbrei essen fand; da sagte er zu ihr: »Bäurin lug, verschütt nichts! Du mußt sonst bei mir liegen.« Als solches die Bäurin hörte, schüttete sie den ganzen Löffel voll Mus auf den Tisch, damit der Pfaff Ursach habe, sie weiter anzutasten. Und da der Pfaff sah, woran es der Frau lag, nahm er sie bei dem Arm und führte sie zu der Bettstatt, die in der Stuben stand. Was er da mit ihr machte, weiß ich nicht. Ich bin nicht dabei gewesen. Nun saß aber ein kleines Büblein auf dem Tisch, das mit der Bäurin Mus gegessen und alle Worte gehört hatte, die der Pfaff mit der Frau geredet, und auch wohl sah, was für ein seltsames Abenteuer mit ihr im Bettlein sich zutrug; ließ es sich aber, da es nichts von solchen Sachen wußt, nicht weiter bekümmern, sondern aß für sich und gab acht, daß es nicht schlotterte, sonst müßt es auch beim Pfaffen liegen. Unterdes kam der Bäurin Mann, den aber die Bäurin, ehe er ins Haus trat, erspäht hatte; tät den Pfaffen flugs im Stubenofen verstecken, sich wieder niedersetzen und fing an zu essen, grad so, als wär sie nie aufgestanden. Und der Bauer, der hungrig war, nahm einen Löffel und aß weidlich. Das Kindlein, das für seinen Vater Übles fürchtete, sagte zu ihm: »Mein lieber Vater, lug, daß du nicht schlotterst, du mußt sonst auch beim Pfaffen liegen. Unsre Mutter hat geschlottert, da hat sie müssen beim Pfaffen liegen.« Als solches der Mann hörte, fragte er: »Wo ist der Pfaff?« Worauf das Knäblein alsbald antwortete: »Er steckt im Kachelofen.« Die Frau, die wohl wußte, was ihr Mann für ein Künzlein war, wischte schnell hervor und sagte: »Lieber Mann, tu ihm nichts! Denn er ist ein heiliger Mann. Drum sollst du deine Hände nicht mit heiligem Blut verunreinigen. Und wenn du ihn zu Tode schlügest, so müßtest auch du darum sterben; wäre dir dann wohl geholfen? Aber wenn du je solche Schmach, die er dir mit mir hat antun wollen, nicht ungerochen lassen willst, so dünket mich dies der beste Rat, und kannst ihm auch keine größere Bosheit antun, als wenn du ihm sein Hütlein nähmest, so daß er ohne Hütlein müßt heim gehen. Ei, wie würden dann die Leut seiner spotten, wenn er ohne Hütlein ginge!« Dieser Rat gefiel dem närrischen Jäckel wohl; trat vor den Ofen und hieß den Pfaffen herauskommen. Der Pfaff, der beider Red in der Stuben wohl gehört hatte, kroch unverzagt aus dem Ofen. Dem nahm der Bauer alsbald sein Hütlein und sprach zu ihm: »Ziehet hin, mein Herrlein! Also soll man euch Gesellen tun, die einem beim Weibe liegen.« Nun, der Pfaff zog ohne sein Hütlein bis vor die Tür. Und wie er vor die Tür kam, sagte die Frau zu dem Bauern: »Keine größere Schalkheit könntest du ihm jetzt antun, als wenn du ihm das Hütlein nachwürfest, daß es die Leut sehen, so würden sie seiner erst gar heftig spotten.« Der Gulemeier war es wohl zufrieden, warf dem Pfaffen sein Hütlein nach zu der Tür hinaus. Der gute ehrbare Herr war es nicht minder zufrieden und fand sich hernach ohn alle Sorg bei der Frau ein, gleichviel ob sie nun geschlottert oder nicht.

41

Von einem Pfaffen, der den Zehnten
von den Eheweibern haben wollt

In einem Dorf wohnte ein junger, dreister Pfaff, welcher
mehr einem Buben und Lecker denn einem frommen Priester
zu vergleichen war; derselbige machte viele brave Weiber in
der Beicht zu Huren. Denn wenn eine hübsche Bäurin kam,
die ihm gefiel, fragte er sie allerwegen, ob sie auch ihren
Zehnten, den sie ihm, dem Pfarrherrn, zu geben schuldig,
gebührlich entrichten tät. Nun, die guten Frauen, die solche
Frag und des Buben Absicht nicht verstanden, sagten, sie
wüßten nicht, daß sie ihm den Zehnten schuldig wären.
Worauf der Pfaff stets sagte, sie wären ihm den Nachtzehn-
ten schuldig; denn sooft ihre Männer neunmal über den
Rhein führen, so gebührte ihm das zehnte Mal zu fahren.
Ach Gott, welche auch sonst solchen Zehnten zu geben nicht
willens war, die litt's um Gottes willen, damit der Pfaff nicht
über sie zu klagen hätt.

Als er aber solche Bubenstück eine Zeitlang getrieben
hatte, geschah's einmal, daß eine junge Bäurin, die erst ein
halb Jahr im Ehestand war, ihre Sünden zu beichten und zu
klagen zu ihm kam. Unter anderem fragte er sie auch, wie die
übrigen, des Zehnten halber, überredete sie, daß auch sie
ihm den Zehnten aus dem unteren haarigen Faß widerfahren
lasse. Und trieben solches also lang, daß den Mann der Frau
langes Ausbleiben zu verdrießen begann. Als nun die Frau
heimkam, fragte er sie, wo sie so lang gewesen und ob sie so
lang gebeichtet hätt. Die Frau fing an und erzählte ihm die
ganze Sach der Länge nach, wie sie sich zwischen ihr und
dem Pfaffen des Zehnten halber zugetragen. Der Mann ließ
sich nichts weiter merken, schwieg still, dachte aber bei sich,
er wollt dem Pfaffen seinen verdienten Lohn schon geben.

Und über acht Tag ließ er ein gutes Mahl bereiten, lud den
Pfaffen samt andern guten Gesellen (damit er Zeugen habe

und die Sache ruchbar würd) zu Gast und ließ mittlerweile seine Frau in einen Hafen (mit Verlaub zu reden) scheißen und seichen, rührt' es wohl durcheinander, ließ es einen Tag oder zwei stehen und hielt's fest verschlossen, damit der gute Geruch nicht herausginge.

Als nun der Sonntag gekommen, da zog mein guter Pfaff samt den andern Gästen daher, vermeinte, er wär gar wohl mit dem Bauern dran, wußt aber nicht, was für ein guter Malvasier für ihn bereitstand. Nun hatte der Bauer den Trunk in einem hübschen verschlossenen Kännlein neben sich in das kalte Wasser gestellt; und als es ihn an der Zeit dünkte, nahm er das Kännlein, setzt' es dem Pfaffen vor und sprach: »Herr Pfarrer, trinkt auch einmal! Denn wenn man viel ißt, so muß man auch dazu trinken.« Der Pfaff nahm das Kännlein, tat's auf, kostete und sprach: »Pfui, der Wein stinkt und schimmelt.« Der Bauer sagte: »Wie, Pfaff, schmeckt er dir nicht? Er kommt doch aus dem Faß, daraus du den Zehnten genommen hast. Du mußt ihn aussaufen, und solltest du dran ersticken.« Der Pfaff faltete die Händ, tät um Gnad und Verzeihung bitten; aber hier war weniger Gnad als in der Hölle. Der Bauer sagte wiederum: »Sieh zu, Pfaff, du mußt den Dreck heraussaufen oder du mußt sterben.« Faßte hiermit sein Schwert, welches er zuvor bereitgelegt, mit beiden Händen, stand also mit bloßem Schwert vor dem Pfaffen und sagte: »Sauf in tausend Teufels Namen, oder der Himmel bringt dich in Schande, fünfzehn Wochen lang!« Da der Pfaff sah, daß es dem Bauern ernst war und daß er ihn in seiner Gewalt, setzte er das Kännlein an den Mund, tät die Augen zu und das Maul auf, soff also einen Teufel nach dem andern heraus und machte sich schnell zum Haus und Dorf hinaus.

Ich glaub: hätten ihn die Bauern ergriffen, sie hätten ihm den Zehnten gegeben, ja, ihn gewißlich zu Tode geschlagen; das wär auch sein gerechter und verdienter Lohn gewesen. So viel Gutes kommt von der Ohrenbeichte.

Das Gänslein

Nun merket auf, vernehmt die Mär:
Es ist nun schon ein Weilchen her,
Daß hier ein schönes Kloster stand,
War eins der prächtigsten im Land.
Auch hielt man Kranke oder Gäste
In jenen Mauern auf das beste;
Ob Ritter oder Wandersmann,
Sie pochten nicht vergebens an:
Ein gutes Mahl stand stets bereit,
Die Mönche gaben allezeit
Gar reichlich und von Herzen.
Wen sollt es da nicht schmerzen,
Wie's heute um die Klöster steht,
Da man denn oft vergebens fleht.
Wohlan, so ging es alle Jahr,
Und wenn ihr Tor verschlossen war,
Geschah dies einzig und allein,
Daß keine Weiber kämen rein.
Drauf sahen sie mit großem Fleiß
Und hätten auch um keinen Preis
Aufs Spiel gesetzt ihr friedlich Leben,
Das ihnen Gott der Herr gegeben.
Nun kam es ihnen sehr gelegen,
Daß abseits von den großen Wegen
Das Kloster stand und daß man da
Nicht allzu viele Fremde sah.
Und von den Mönchen sagt die Mär,
Daß mancher dort gesessen wär,
Der niemals sei hinausgekommen.
Es fand sich denn, wie ich vernommen,
Im Kloster auch ein junger Mann,
Der dort bereits von klein auf an

Gelebt und dem ganz unbekannt,
Was draußen vor sich ging im Land;
Nur Pferde kannt er, und beizeiten
Erlernte er sogar das Reiten.

Nun mußt einmal in Klostersachen
Der Abt 'ne kleine Reise machen;
Das ließ dem Jüngling keine Ruh,
Er bat den Abt und setzt' ihm zu,
Daß er ihn dabei mit sich nähme,
Damit er mal nach draußen käme
Und Land und Leute kennenlerne,
Das möchte er seit langem gerne.
Der gute Abt gewährte,
Wonach der Mönch begehrte;
Auch tat er's mit 'nem Hintersinn,
Er dacht: »Es ist nur von Gewinn,
Wenn jenem Burschen Leut und Land
Und manches andre wird bekannt;
Schickt sich vielleicht zu derlei Dingen,
Wie ich sie grade muß vollbringen,
Kann mir am End sehr nützlich werden.«
Da rief er alsbald nach den Pferden;
Sie saßen auf, manch Abschiedswort
Flog hin und her, dann ging es fort.

Man kam aufs freie Feld hinaus,
Die Pferde schritten wacker aus;
Traf man nun hier und da auf Vieh,
So unterließ der Mönch es nie,
Den Namen zu erfragen,
Den sollt man ihm doch sagen;
Und was es immer mochte sein,
Ob Rinder, Schafe oder Schwein',
Der Abt gab bestens ihm Bescheid.
Als sie nun so geraume Zeit

Geritten warn mit frischem Mut,
Erreichten sie das Meiergut,
Das ihrer Reise Ziel und End.
Der Meier kam, rieb sich die Händ.
Und hieß von Herzen sie willkommen.
Schon hatt die Pferde man genommen
Und sorglich in den Stall gebracht,
Worauf man, da recht frisch die Nacht,
Die Herren in ein Zimmer führte
Und alsogleich ein Feuer schürte.

Nun hatt der gute Meier ein
Gar liebes, holdes Töchterlein
Von minniglicher Wohlgestalt,
Sie war grad achtzehn Jahre alt.
Sie und die Mutter wollten gehn,
Da sie die frommen Herrn gesehn.
Doch bat der Abt: »Ach, wollet bleiben,
Ich möcht euch wahrlich nicht vertreiben.«
Die guten Frauen blieben gern.
Da bat der Mönch denn seinen Herrn,
Daß er ihn gnädigst wissen ließe,
Wie jene Kreaturn man hieße
(Denn Mädchen warn ihm unbekannt).
»Ei, Gänse werden sie genannt.«
Da sprach der Mönch: »Ein schönes Tier,
Solch saubres Völkchen lob ich mir!
Doch eines, Herr, versteh ich nicht:
Wieso es uns daran gebricht
Auf unsrer fetten Klosterweide.«
Da lachten sehr die Frauen beide,
's ging ihnen nun einmal nicht ein,
Daß dem Gesellen, schmuck und fein,
Die Fraun so gänzlich unbekannt.
Sie fragten drum, zum Abt gewandt,
Ob jener auch bei Sinnen wär.

Da sagt' er ihnen denn die Mär,
Wie es dahin gekommen;
Was ihr ja schon vernommen.
Da dies das Töchterlein erfuhr,
Da dachte es im stillen nur:
»Ei, mir gefällt der junge Mann!
Möcht sehn, ob ich's nicht fügen kann
(Und ich versuch's noch heute nacht),
Daß in dem Bursch die Lust erwacht
Zum holden Frauendienst im Bett.«
Gar sehr er ihr gefallen tät.
Indes, sie schwieg wohlweislich stille
Und sagte nicht, wonach ihr Wille
So sehnlich stand.

Da es nun Zeit
Zum Schlafengehen, half die Maid,
Der Gäste Lager herzurichten;
Und der aufs Minnespiel Erpichten
Gelang's einleuchtend darzutun,
Daß der Herr Abt allein müßt ruhn,
Dieweil er müd vom Reiten sei.
Man stimmte ihrem Ratschlag bei
Und bettete den Mönch weit weg
Von seinem Herren in ein Eck.

Die Gäste zogen sich zurück;
Der Wirt gebot im Augenblick,
Daß alle kröchen in die Betten,
Damit die Herren Ruhe hätten.
Indes, der gute Mönch lag wach,
Er grübelte und dachte nach,
Wie jeglich Ding benamset wär;
Es war nicht leicht, bei meiner Ehr!
Doch auch die Maid fand keine Ruh,
Sie überlegte immerzu,

Wie nun gar heimlich würd vollbracht,
Was sie zuvor sich ausgedacht.
Sie stahl sich leise aus dem Bett
Und schlich sich flugs an jene Stätt,
Wo sie den frommen Bruder wußt,
Der sie denn bald bemerken mußt;
Er sprach verdutzt: »Was mag das sein?«
Sie sprach: »Ich bin's, das Gänselein,
Leid von der Kälte grimme Schmerzen
Und bitt Euch, Herr, von ganzem Herzen,
Daß Ihr zu Euch mich kriechen laßt;
Tut mir die Lieb, dieweil ich fast
Erfroren bin, gar kalt ist's hier.«
Ihn dauerte das arme Tier,
So daß er's zu sich schlüpfen ließ;
Aus Nächstenliebe tat er dies.
Als nun die Gans im Warmen war,
Da wurd in kurzem offenbar,
Daß er vom Bettspiel nichts verstand,
Das war ihm gänzlich unbekannt.
Sie wußt schon mehr von dieser Sach,
Mit besten Kräften half sie nach,
Es wirkte, und der gut Gesell
Begriff des Bettspiels Regeln schnell.
Und er genoß den zarten Braten,
Wie war er doch so wohl beraten,
Ihm konnte gar nicht besser sein.
Wer zweifelt auch, daß unsern zwein
Das hübsche Spiel gar sehr behagte?
Sie trieben es, bis daß es tagte.
Da stand sie auf und sprach: »Mein Herr,
Wollt Ihr dergleichen Freuden mehr,
So dürft Ihr keinem Menschen sagen,
Was zwischen uns sich zugetragen;
Würd es dem hohen Abt bekannt,
Ließ er uns schmecken kurzerhand,

Das ist gewiß, den grimmen Tod.«
Mit allem Fleiß sie ihm gebot,
Daß er die Sache nicht verrat.
Was er denn auch vorerst nicht tat.

Da nun der Abt des Tages Licht
Erblickte, ruht' er länger nicht,
Oblag mit Eifer den Geschäften
(Der junge Mönch half ihm nach Kräften),
Um deretwegen er gekommen;
Als dies zu aller Nutz und Frommen
Geschehn war, nahmen Abschied sie
Und ritten heim. Ihr glaubt nicht, wie
Die Klosterleut das Mönchlein plagten,
Ihn dies und das und jenes fragten,
Was draußen ihm begegnet wär,
Und hatten Spaß an seiner Mär.
Doch war er stets darauf bedacht,
Daß das, was er die letzte Nacht
Mit jenem Gänslein angestellt,
Verschwiegen blieb vor aller Welt.

Inzwischen war es Winterszeit,
Das Weihnachtsfest war nimmer weit,
Wo's denn zu tun gibt mancherlei;
Der Abt rief drum geschwind herbei
Den Kellermeister und den Koch.
Er sprach: »Uns naht sich eine Woch,
Da wir mit Lesen und mit Singen
Den größten Teil des Tags verbringen.
Doch sollt auch ihr nicht müßig sein:
Schafft gute Speis und guten Wein;
Denn Leute, die sich emsig regen,
Soll man nur um so besser pflegen.«
Des warn die Brüder wohlgemut,
Sie hießen seinen Ratschlag gut.

Nun war der Mönch auch unter ihnen,
Der sprach zum Abt: »Gern wolln wir dienen,
Mit aller Kraft dem Amt obliegen;
Doch bitt ich, Herr, Ihr wollt verfügen
– Sofern Ihr dessen habt Gewalt –,
Daß jeder eine Gans erhalt;
Kann es, ich schwör's bei meinem Leben,
Auf Erden doch nichts Beßres geben.«
Da sprach der wackre Abt erbost:
»Ei Bruder, seid Ihr nicht bei Trost?
Wo habt Ihr den Verstand gelassen?
Kaum kann ich solche Torheit fassen!
Muß man Euch wirklich denn noch sagen,
Daß wir des Fleisches uns entschlagen
In dieser hohen Zeit? – Ei nun,
Sollt dafür eifrig Buße tun.«
Er wies den Guten vor die Tür,
Der sprach: »Ich geh, doch glaubet mir:
Nichts Brüder, könnte mehr euch frommen,
Als so ein Gänslein zu bekommen,
Die jungen Gäns vor allen,
Die würden euch gefallen.«
Da ward er denn hinausgetrieben,
Die andern Mönche aber blieben.
Berieten nun den Speiseplan,
Wie sie es öfter schon getan;
Indes ist auch vom Messelesen
Bei dem Konvent die Red gewesen.

Als man mit allem nun im reinen,
Da rief der Abt der Mönche einen:
»Geht hin und holt den jungen Narrn!«
Und als sie nun alleine warn
An einem gar verschwiegnen Ort,
Da sprach er: »Bruder, auf ein Wort!
Wer tät den Floh ins Ohr Euch setzen

Und hieß Euch von den Gänsen schwätzen?«
Das Mönchlein dacht: »Es ist geschehn,
Mußt nunmehr Red und Antwort stehn!«
Erzählte drum ganz unbefangen,
Wie's ihm mit jener Gans ergangen.
Fürwahr, nichts Arges dacht der Gute!
Gar traurig ward dem Abt zu Mute,
Er sprach: »Weh mir, du bist betrogen,
Ich selber habe dich belogen.
So höre denn, es war ein Weib,
Bei dem dein unerfahrner Leib
In Sünden ist gelegen.
Ach, hätt ich allerwegen
Doch besser auf dich acht gehabt.«
Wie grämte sich der gute Abt.
Weil's aber nun einmal geschehn,
So mußt auf Buße er bestehn.
Der Mönch tat willig seine Pflicht;
Doch sollt man seiner spotten nicht:
Hätt's richtig ihm der Abt gesagt,
Als nach den Weibern er gefragt,
Nicht seinen Schimpf mit ihm getrieben –
Er wär des Lasters frei geblieben,
Wär wohl gewesen auf der Hut.
Ei, Lug und Trug sind niemals gut,
Sind eine Sünd und eine Schand!
In Drahow gibt's, wie mir bekannt
Noch zwei, drei andre Mönche, die
Des Weibes kundig. Wollen sie,
Daß ihre Seelen nicht verderben,
So sollten sie nach Kräften werben
Um ihres Abtes Huld und Gnad;
Womit die Mär ein Ende hat.

43

Ein Mönch beschläft einem Wirt die Frau,
ohne daß sie's innewird

In einem Dorf nicht weit von Straßburg ist ein Wirt gesessen, der hatte ein gar hübsches Weib; und da er die vorüberziehenden Gäste für ihr Geld aufs beste bewirtete, wollt jedermann bei ihm einkehren und zechen. Nun begab es sich, daß in einem Städtchen nahebei ein großer Jahrmarkt war; am Abend aber, bevor der Markt beginnen sollt, kamen viele Gäste, Männer und Weiber, die bei ihm einkehrten und Herberg begehrten, unter ihnen auch ein Mönch, indes es war schon sehr spät. Da nun fast alle schlafen gegangen, klopfte der Mönch an die Tür und begehrte Herberg. Der Wirt ließ ihn ein, gab ihm Essen und Trinken, so gut er's hatte, sagte ihm aber, er müsse sich die Nacht auf der Bank behelfen, denn die Betten wären alle mit Gästen belegt. Der Mönch war es wohlzufrieden und sagte: »Bin ich doch froh, daß ich unter Menschen bin. Denn ich hatt mich im Feld verlaufen und war schon drauf gefaßt, daß ich die Nacht im Freien verbringen müßt.« Als aber jedermann schlafen gegangen und der Wirt und die Wirtin auch schlafen gehen wollten, kam ihnen Botschaft, daß ihre Gevatterin in den Kindswehen läge, sie sollte eilends zu ihr kommen. Und wiewohl die Wirtin müde war und lieber ins Bett gegangen wär, wollt sie solches doch nicht abschlagen; zog also hin und befahl dem Mann das Haus. Der Wirt legte sich nun auch schlafen. Und als es Tag werden wollt, stand er auf und rüstete sich zum Markt. Dieweil aber der Mönch die ganze Zeit, seit er schlafen gegangen, auf der Bank gelegen war, hatte der Wirt Erbarmen mit ihm, hieß ihn aufstehen und sich in sein Bett legen, er möge dort ruhn, bis daß es gänzlich Tag. Der Mönch war froh, denn er hatte noch nicht viel geschlafen; stand flugs auf und legte sich in des Wirts Bett, dacht aber nicht daran, welch ein Glück ihm widerfahren sollt.

Da nun die Wirtin bei ihrer Gevatterin fertig war, zog sie heim. Und dieweil sie die Nacht auch nicht geschlafen hatte, wollt sie sich noch ein Stündlein oder zwei zu Bette legen, zog sich aus und legte sich zu dem Mönch; dachte aber nichts anderes, als daß sie sich zu ihrem Mann gelegt hätte. Da der Mönch die Frau gewahr wurd, schmiegte er sich still und heimlich an sie. Da erwachte sein guter Scharwächter, und ohne ein Wörtlein zu sprechen, besang er die Kapelle ein-, zwei-, dreimal geschwind nacheinander; denn er war hungrig und gierig, hatte solch Fleisch lange nicht versucht. Da nun die Wirtin das dreifache Almosen, wie eine Gans ein Haberkorn, nach Leibeskräften zu sich genommen, gedacht sie bei sich selbst: »Wie mag das zugehen, daß dein Mann plötzlich so scherzhaft aufgelegt ist? Ist es doch nicht seine Gewohnheit.« Fing hiermit an den Mann zu fragen und sagte: »Hörst du, Mann, was bedeutet das? Ich glaub wahrlich, du hast an die Magd oder sonst eine andere gedacht, daß du jetzt so geschwind und hurtig auf der Bettdecken gewesen bist. Aber sei ihm, wie ihm wolle, ist's doch meinem Kätzchen und mir gleich wohl bekommen. Gott segne uns das Bädlein!«

Da ihr aber niemand Antwort geben wollt, fing sie an, um sich zu greifen, und unter solchem griff sie dem Mönch an den Kopf. Und da sie merkte, daß er einen geschorenen Kopf hatte, meinte sie nichts anderes (dieweil sie nicht an den Mönch gedacht), als daß es der leibhaftige Teufel wär, fing laut an zu schreien. Da gab's einen großen Rumor in dem Haus, niemand wußte, was war; denn der Mönch hatte sich, wie von tausend Teufeln gejagt, querfeldein von dannen gemacht.

Als nun der Wirt wieder nach Haus kam, erzählte die Frau ihm die ganze Sach, wie es ihr mit dem Gespenst ergangen sei, war in Sorge, daß sie vor Leid und Schrecken sterben müßt. Als aber der Wirt solches hörte, tröstete er sie und sagte ihr, daß es gewißlich der Mönch, den er des Nachts beherbergt hätte, gewesen wär, dieweil er ihn, da er zu Markt gegangen, in sein Bett gewiesen. Da die Frau vernahm, daß es ein Mensch und kein Gespenst gewesen, war sie wohlzufrieden, bat den Mann, er mög es ihr nicht übel ankreiden, da es ihr unwissend geschehn. Der Wirt sagte: »Wohlan, zu geschehenen Dingen, die nicht mehr zu ändern sind, soll man das Beste reden. Es sei dir verziehen; denn die Schuld lag mehr bei mir denn bei dir. Aber wahrlich, hätt ich den Mönch, ich wollt ihm die Mühe lohnen, er sollt dessen gewißlich nicht lachen.«

Aber ich könnt mir denken, daß der Mönch hernach nicht mehr wiedergekommen ist; man hätt ihm wohl übel aufgewartet, und wär ihm die Baderfahrt teuer zu stehen gekommen.

Ein Pförtner in einem Kloster tut
einer armen Frau, die ihn um Almosen bittet,
in einem Sarg den Kummer an

In einem Kloster lebte einst ein Pförtner, der Gewalt und
Weisung hatte, den armen Leuten das Almosen auszuteilen;
wie denn noch heutzutag in den Klöstern und Schlössern der
Brauch ist, daß man den Pförtnern solche Ämter gibt, aber
gewöhnlich Leut dazu nimmt, die einen armen Menschen,
der solches begehrt, dermaßen schmähen und schelten, daß
sich ein jeder schon fürchtet, wenn er nur das Kloster sieht,
ganz davon zu schweigen, ein Almosen dort zu heischen.
Wie angenehm aber solche Almosen Gott sind, geb ich einem
jeglichen Gutherzigen sonderlich zu bedenken; denn es will
mir nicht gebühren, darüber zu diskutieren oder viel Wesens
draus zu machen. Brauch solches auch nicht zu tun, da man
es nur zu gut weiß: *igitur iam satis.*

Eines Tages kam unter andern armen Leuten, so das
Almosen begehrten, ein junges, schönes, gerades Weib, die
dem Pförtner über die Maßen wohlgefiel. Dacht sogleich, wie
er sich die Frau könnt zu Willen machen; sagte ihr, sie solle
ein wenig warten, er hätt etwas mit ihr zu reden. Die gute
Frau dacht wohl kaum daran, daß er ein solches Ansinnen an
sie hätte, und wartete, bis er jedermann abgefertigt hatte.
Danach setzte er sich zu der Frau, begann von allerlei
abenteuerlichen Sachen zu reden, versprach ihr auch so viel
Gutes, daß sie sich gänzlich in seinen Willen fügte. Aber der
Pförtner wußte keinen Ort ausfindig zu machen, wohin er sie
führen sollt, damit er von niemandem gesehen würde.

Nun stand ein Sarg an einem Ort, zu dem niemals jemand
hinkam. Dahin führte er die gute Frau und legte sie hinein,
stieg dann gleichfalls zu ihr. Ach Gott, ich weiß nicht, wie der
Pförtner mit der Frau scherzte oder was er ihr für ein
Almosen gab. Doch machte er's so grob mit ihr, daß der

Deckel des Sargs zuschlug und das Klöblein, so daran war, vorfiel und sie solchermaßen eingeschlossen waren, so daß sie aufeinander hätten sterben müssen, wenn nicht Hilfe gekommen wär. Da der Pförtner sich mit der Frau eingeschlossen fand und wohl sah, daß er ohne Hilfe nicht hinauskommen würde, fing er laut an zu schreien und um Hilfe zu rufen. Die Leute, die im Kloster waren und das Geschrei im Sarg vernahmen, liefen alle herzu und verwunderten sich sehr, was für ein Gespenst doch im Sarg verschlossen wär oder was sonst also schrie. Taten den Sarg auf und fanden den Pförtner des Klosters auf der Frau liegen; verklagten ihn gar bald vor dem Abt. Und der Abt nahm ihn und warf ihn etliche Tage ins Gefängnis, ließ ihn mit Wasser und Brot gar dürftig speisen. Danach jagte er ihn fort. Das war sein gerechter Lohn.

Ein unglaublicher Schabernack,
von einem Geistlichen einer Geistlichen getan

Die Sprichwörter irren nicht, darum auch das folgende nicht erlogen ist: »Gleich und gleich gesellen sich gern.« Weshalb es kein Wunder ist, daß ein Mönch einer Nonne am Zeuge flickt, dieweil sie Geschwisterkinder sind; auf daß aber die gewaltige Historia bekannt wird, will ich erzählen, wie es wirklich zugegangen ist. Zu Würzburg in Franken war ein Kloster, darin waren Mönche und Nonnen unter einem Dach, konnten jedoch nicht zueinander kommen. War aber ein Gitter da, so groß wie eine Tür; da kamen die Brüder zu den Schwestern, sie aus brüderlicher Lieb zu trösten; unter ihnen war ein junger, starker mit Namen Bruder Veit, der mit Essen und Trinken wohl seinen Mann stand; aber gelehrt war er nicht sonderlich, befliß sich auch keiner Kunst. Mit den Nonnen den Psalter zu beten, verstanden sie so gut wie gar nicht. Wie aber einmal Bruder Veit nächtlicher Weile vor das Gitter kommt und Schwester Brigitta dahinter steht, spricht Bruder Veit: »O liebe Jungfrau Brigitt, rat, woran mir's gebricht!« Die Schwester versteht die Kreiden und macht sich nah an das Gitter, desgleichen auch Bruder Veit, und wie dem die Nacht niemands Freund ist, macht Bruder Veit der Jungfrau Brigitten ein Kind zum Gitter hinein. Da ist Not am Mann gewesen. Solche Gaben haben die Geistlichen, die da nicht weltlich sind und verschlossen beieinander wohnen und nichtsdestoweniger Huren und Buben sind, und sollt es durch ein Gitter geschehn, so daß brave Leut wohl wissen, was für ein Völkchen die Geistlichen sind.

Ein Kloster wird visitiert und darin
ein junger Gesell gefunden

An einem Ort eines Landes war ein reiches Frauen- oder Nonnenkloster. Die Insassen wurden von jedermann für heilige Leute geachtet, aber die Sach hatte eine ganz andere Gestalt, als sie vorgaben. Denn sie hatten einen jungen, geraden, schönen Jüngling unter sich, dem die Nonnen Kleider angelegt hatten; derselbige hatte nun etliche junge Nönnlein oder Klosterfräulein gemacht. Und ich weiß nicht, ob man's etwa hat schreien hören oder wie es sonst zugegangen, nun, die Herren Superintendenten wollten dies Kloster visitieren. Gleichviel, ob es den Nonnen lieb oder leid wär.

Nun überlegten sie, wie sie doch die Sache angreifen sollten, damit man nicht innewürde, daß sie ein Mannsbild unter sich hätten; und konnten ihn doch nicht verbergen, denn er war in die Zahl der Nonnen eingerechnet. Kamen deshalb überein, daß er sollt seinen Entenschnabel an einen Faden binden und den unten hindurchziehen und den Faden oben am Hals festmachen; so würd das Haar ihn verdecken, damit sie nicht erkennen könnten, ob er ein Mann oder eine Frau wär.

Die guten, törichten Nönnlein meinten, sie hätten die Sach recht versehen, und ließen die Superintendenten samt den Hebammen herein, worauf sie alsbald nackend ausgezogen wurden. Ach Gott, der gute Gesell, als er die guten Nönnlein mit den schwarzen Fledermäuslein zwischen den schneeweißen Beinlein dastehen sah, tät ihm das Herz, ich weiß nicht wo, lachen, und ward der Faden zu schwach, weshalb ihm der Entenschnabel hochschnellte. Da sah man, was für fromme Nönnlein im Kloster waren. –

Man meint, wenn man eine Jungfrau in ein Kloster tut, so hat man ein gut Werk und eine gottgefällige Sach getan; denn da müßten sie Jungfrauen bleiben, daran Gott den besonderen Gefallen habe, grad so, als ob aus Menschen Steine werden müßten. Ich sag aber, daß die Nonnen und Klosterfrauen besser beraten sind als die weltlichen heraußen: mit Essen und Trinken, desgleichen mit weltlichen Freuden, die die Natur verlangt; können dieselben aber wohl besser verhehlen und verbergen als die heraußen. Denn wenn sich eine außerhalb der Klöster mit einem Mann einläßt, so weiß es die ganze Stadt, das ganze Dorf, und lastet eine solche Schande auf dem armen Mädchen, daß es wollt lieber die Zeit über bis an den Hals im Rhein gestanden sein. Aber in den Klöstern weiß man's nicht, vorab bei denen, die verschlossen sind und sich für gar heilig ausgeben, das sind schier die größten Huren. Denn gewöhnlich ist's so: Wenn ein solches Kloster zerstört wird, so findet man Kinder wohl ein Dutzend. Das heißt ein fein heilig Wesen treiben. Wollen dennoch von der Welt nichts wissen, sind fromme geistliche Leut, bitten Gott für die Weltlichen, so heraußen in sündlichem Leben stecken. Ei, mögen sie beten, daß sie das höllische Feuer mit ihrem Unwesen verbrenne. Wollt eine solche verzweifelte Hur, die sich vor dem armen gemeinen Volk für heilig ausgibt und doch nichts ist als eben eine Hur, für mich bitten, würd es leider schlecht gebetet sein; ja, ich hätt Sorge, ich müßt samt ihr in den Abgrund der Hölle fahren.

Eine junge Klosterfrau fiel in große Betrübnis, da ihr das Haar an der Tochter wachsen wollt

In das Kloster Krauchtal war vor Zeiten ein junges Mägdlein eingetreten. Nachdem sie Profeß getan, ward sie der Äbtissin gegeben, auf daß sie in Zucht und klösterlichem Wesen informiert und unterwiesen würde. Als sie nun anfing, zu Jahren zu kommen, begann ihr das Haar am Runzefal zu wachsen. Sie sah es, erschrak und meinte nichts anderes, als daß es ein Anzeichen einer künftigen Krankheit sei, fiel in große Betrübnis, wollt's jedoch niemand offenbaren.

Zuletzt ward sie von der Äbtissin, zum Gehorsam ermahnt, gezwungen, ihr Anliegen anzuzeigen. Sie sprach: »Gnädige Fau, ich weiß nicht, was mir für ein Flecken Haar unten am Bauch zwischen den Beinen wächst, sind doch die Beine und der Bauch glatt und haben kein Haar. Ich fürchte sehr, daß es etwas Böses bedeutet.« Die Äbtissin gab ihr Antwort und sprach: »Laß mich's sehen!« Sie hob sich auf und zeigt' es ihr. »Ja«, sagte die Äbtissin, »du Närrin, läßt du dich das also kümmern? Es ist ein Kätzlein, und ich hab selbst so eine Katz zwischen meinen Beinen.« Die Junge wollt's nicht glauben, sie hätt es denn gesehen. Die Äbtissin hob sich auf und zeigte sie der Jungen. Als sie die Katz gesehen, sagte sie zu der Äbtissin: »Gnädige Frau, wie hat Eure Katz ein so großes, weites Maul?« – »Liebe Tochter«, sagte die Äbtissin, »sie hat ihrer Tag gar viel große Ratten gebissen. Wenn deine Katz, wie ich hoff, mit der Zeit auch so viele Ratten erwürgen wird wie die meine, so wird sie ein Maul bekommen meiner gleich.«

Die junge Nonne war froh, daß ihr die Katz am Leben nicht schädlich sei, und ließ also das Haar fortan wachsen; war guter Dinge, bis zu der Zeit, da auch ihr der Bart geschoren ward.

Von eines Bauern Sohn,
der zwei Beginen schwanger machte

In der Stadt Frankfurt ist ein Konvent von geistlichen Schwestern, die man Beginen nennt. Mit denen stand ein Bauer aus dem Land auf gutem Fuße. Was sie an Speis und Trank bedurften, das gab er ihnen; denn er war ihr Meier, also daß er und seine Frau Tag und Nacht bei ihnen aßen und tranken und ihren Zugang zu ihnen hatten. Nun hatte der Bauer einen erwachsenen Sohn, der machte mit den zwei jüngsten Schwestern im Konvent nähere Bekanntschaft, so daß sie der Sachen eins wurden und heimlich einander ihre Not klagten, wie sich denn wohl denken läßt. Es tät sich aber letztlich also schicken, daß die Andacht mit zwei großen Bäuchen oder Kindern zum Ausbruch kommen wollt.

Da die Äbtissin solches gewahr wurde, stellte sie die zwei jungen Schwestern dem Kapitel vor und fragte sie, was sie sich gedacht, da sie sich so grob versehen hätten, und wer der Vater wär, das wolle sie wissen. Die Ältere gab Antwort. »Unseres Meiers Sohn«, sagte sie, »hat mich letzthin im Bad also gerieben, mein Lebtag bin ich nicht dermaßen gerieben worden. Ich hab es gelitten; wie er mir sagte, also tat ich. Weiß noch nicht, was er gemacht hat, wiewohl mir der Bauch schwillt. Man müßt ihn darum fragen.« Die jüngere Schwester ward auch zur Rede gestellt. Sie sprach: »Ich weiß nicht; letzthin sah ich von ungefähr, als ich Holz holen wollt und das Bad wärmer machen, die zwei, des Meiers Sohn und die da, einander im Bad trocken reiben. Ich schaute eine Weile zu und dacht: »Muß es also gerieben sein? Das hast du noch nie gesehen; du wirst deine Sach ausrichten, ehe du ins Bad gehst, so wäschest du dich hernach und badest in Ruhe. Drauf hat auch mich des Meiers Sohn im Holzhaus also trocken gerieben. Ich hätt mich aber eher des Todes versehen, denn daß mir das Bad sollt in den Bauch geraten sein, daß er mir so hart wird. Was draus werden will, das weiß ich nicht; ich hab das Spiel nie mehr getrieben.«

Die Äbtissin war traurig, sah die Einfalt ihrer Töchter, daß sie von dem Unhold betrogen waren; rief seine Mutter zu sich, klagte ihr Leid, sagte und erzählte ihr den ganzen Hergang, wie sie ihn von den Mädchen gehört hatte.

Die Mutter war zornig, ging heim, redete dem Sohn ins Gewissen, schalt ihn und fluchte ihm, daß er die Schande begangen hätte. »O liebe Mutter«, sagte der Sohn, »wie tust du mir doch Unrecht! Bin ich doch alles von dir geheißen worden.« – »Ja«, sprach die Mutter, »ich habe dir den Galgen an deinen Hals geheißen.« – »Wohlan«, sagte der Sohn, »hast du nicht allezeit zu mir gesagt, ich soll mich aller Gesellschaft enthalten und Freundschaft mit den Geistlichen machen? Denn mit den Frommen und Heiligen werde man fromm und heilig und mit den Geistlichen werde man geistlich. Das hab ich getan und bin dir gefolgt. Nun bin ich auch ein geistlicher Mann und frommer Bruder geworden.« – »Ja«, sprach die Mutter, »du bist ein Lecker und ein Bub geworden. Weißt du nicht, daß es unseres Herrgotts Schwestern sind?« – »Potz, das ist doch noch besser«, sagte der Sohn, »so ist unser Herrgott mein Schwager, und bin ich noch heiliger denn zuvor. Nun hab ich keinen Mangel mehr; der Schwager muß mir wohl helfen meine Kinder ziehen, wenn du mir gleich gar nichts zukommen lassen wirst.«

Und ging von ihr hinweg, nahm sie beide aus dem Konvent. Die Jüngere führte er zur Kirche, die andere behielt er bei sich, bis sie genas, gab ihr danach einen anderen guten Gesellen, damit keine der andern etwas vorzuwerfen hätt. Und half ihm also sein Schwager, daß die Kinder erzogen wurden und die guten Fräulein zu Ehren kamen.

Worterläuterungen

Bickelsteine, Würfel; von Bickel = Knöchel, aus dem Spielwürfel hergestellt wurden.

brauten, Hochzeit, Beilager halten, beischlafen.

Brunzscherben, Nachtgeschirr; Scherben = irdenes oder gläsernes Gefäß, bayr.-österr. = Nachttopf.

Bundschuh, Schnürschuh, Fußbekleidung der Bauern, im Bauernkrieg deren Feldzeichen; von daher Bez. für ›Aufruhr, Revolution‹ und wohl auch für Penis.

Burschsäckel, Dirne.

Comparatio, Herkunft der Bez. für das weibliche Genitale unklar. Lat. *comparatio* mehrdeutig: Vergleich, Stellung (z. B. der Gestirne), Zubereitung, Beschaffung.

Ebenteuer, Nebenform zu Abenteuer; hier Fabelwesen, Ungetüm.

Eidam, Schwiegersohn.

Facenetelein, von Fazinet, südwestdtsch. für Taschentuch.

Gulemeier, geschwätziger, närrischer Mensch; von alemannisch Gule = Hahn.

Kächlein, von Kachel = Geschirr, irdenes Gefäß; hier Nachtgeschirr.

Käppele besingen, Kapelle weihen.

Kebsweib, Nebenfrau, Bettgenossin. Kebs verwandt mit lat. *cavea* = Höhle und altnord. *kefsir* = Sklave.

Ketterlein, von Kotter = kleines, armseliges Häuschen, auch Narrenhaus, Gefängnis.

Komplet, Abendgebet, die letzte der kirchlichen Tageszeiten (ca. 21 Uhr).

Kreide, Losung (swort), Schlachtruf; von ital. *grida* = Feldgeschrei. Hat nichts mit Kreide = Kalk zu tun.

Künzlein, zu Kunz, armer Tor, der sich alles gefallen läßt.

Leikauf, Umtrunk bei Geschäftsabschluß; von Līt = Obstwein.

löffeln, buhlen, poussieren; von Löffel = Geck, Narr.

Meißel, hier Instrument des Wundarztes zum Sondieren der Wunde; bereits im Mittelalter für Penis.

Metzensonntag, Gelegenheit zur Liebelei; von Metze = Mädchen (eigentlich. Kurzform zu Mechthild, Mathilde); später ›Dirne, Hure‹.

Mörselstein, Mörser, Reibschale.

Pafesen, Röstschnittenpaar, ›arme Ritter‹ (bayr.-österr.).

Penitenzer, Beichtvater (lat. *poenitentiarius*). Die Bedeutung von Penis wohl wegen des lautlichen Anklangs.

pletzen, flicken, hier beischlafen. (›Loch stopfen‹ ?).

Profeß tun, Gelübde ablegen. Lat. *professio* = Bekenntnis.

Profunzen, weibl. Genitale; von lat. *profundus* (?) = tief, bodenlos.

Pruch, Hose; ursprüngl. nur deren oberer das Gesäß bedeckender Teil (niederl. *broek* = Steiß), **Puphahn**, Wiedehopf (nach dessen Ruf ›Pup, pup‹), dann auch Blasrohr, Kindertrompete, männliches Glied.

Quoniam, sinnlose Bez. für Penis; lat. *quoniam* = weil ja.

rezidieren, beischlafen; von lat. *recidere* (?) = hinfallen, als Eigentum zufallen.

Runzefal, nach Grimm von Roncesvalles, Dorf in einem Pyrenäental, wo Roland die Mauren schlug. Später allgemein für Gebirgspaß, dabei Umdeutung mit Bezug auf Runze = Falte. Vielleicht aber auch aus Runse = Wasserrinne und Fall, also ›Wasserfall‹.

Schnur, Schwiegertochter.

Schwäher, Schwiegervater.

Schwieger, Schwiegermutter.

strohpurzeln, beischlafen; Lindener zählt es zu den ›wunderlich seltsamen Namen‹ für Kinder zeugen. Von Stroh?

Zagel, Schwanz; die zusammengezogene Form ›Zahl‹ in Rübezahl (= Rübenschwanz), die Herleitung von ›zählen‹ erst später.

Spendenaufruf

„Für alle, die es noch genauer wissen wollen, seien meine anderen Bücher empfohlen. Vor allem „Hermanns Herrlichkeit". Jetzt sollte ich auf die „Goldene Sänfte" gehievt werden. Wer unterstützt die Arbeit:

- *Übersetzung der Bücher in andere Sprachen*
- *Öffentlichkeitsarbeit*
- *Germanen für Völkerfreundschaft*
- *Vorleben statt Theoretisieren*

Kurz: Alles, was aus den Büchern und Taten hervorgeht."

Spendenkonto:

SCHWERT RING DEUTSCHLAND
VOLKSBANK HORN
Kto. 210 21 97 800,
BLZ 476 900 80

Neue Bücher:

Eine Reihe neuer genialer Bücher sind bei Historia Aktiv™ in Vorbereitung. Fragen sie jetzt und später bei ihrem Fachhändler!

Der Mythos vom heiligen Schwert

Das absolute Muß, nicht nur für Schwertfreunde. Zahlreiche Abbildungen, Europas Schwerter und Urgötter, Alchimie-Orakel, Kriegertum, Alltagsrituale, berühmte Filme, L.R.S., Musik, Schaukampftechnik, Friedensbewegung, „Wilder Mann- und Frauenrecht", Sagas, Kaufhilfen, Pflege, bewiesene Faszination des Kultobjektes in Deutschland.

Minnedurst

Historische Geschichten von derber Lust.
(Nicht von Hermann!)

Sammelband 1
(2 Bücher zum Preis von einem):

1. <u>Finde Deine Krone wieder</u>

Wie man seine eigene Selbstherrlichkeit wiederfindet und in seinem Königreich herrscht.

2. <u>Buch der Kräfte</u>

Welche Kräfte und Einflüsse bremsen und beschleunigen. Das eigene Leben und „der Rest der Welt" als Spielball verborgener und offensichtlicher Kräfte, die jeder heldenhaft beherrscht – oder sich beherrschen läßt.

Beide Werke können nur Geistesblitze sein!

Sammelband 2
(2 Bücher zum Preis von einem):

1. <u>Zeitspringer</u>
Deutschlands sondersame Leute, die Geschichte in ihrem Leben wiedererweckt haben. Von der Runenhexe bis zum Lederdesigner á la Asterix, von Freizeitrittern, Pilgern und Atlantiküberquerern. Sehr unterhaltsam geschrieben.

2. <u>Andere Germanen</u>

Neue Einblicke in die Germanen der Gegenwart. Seine verblüffenden Schlüsse zieht der „lebende Germane" Hermann nicht nur durch Abschreiben differierender Historiker, sondern auch durch natürliche Betrachtung musealer Funde und der Alltagsumstände. Positiv werden im unerschöpflichen Thema Fragen angerissen und durch Vortragsthemen beschrieben. Eine unendliche Hilfe auch für alle Autoren, die wieder mal keine Ideen haben. (Germanen & Umweltschutz, Gleichberechtigung usw.)

Hermanns Herrlichkeit

Neue Einblicke in das Leben des Cheruskers und seiner
Inkarnation in unseren Tagen.
„Ich heiße doch nicht Arminius!"
Die unglaublichen Heldentaten (Augenzeugenberichte!). Welch
neue Dimension für unser aller Selbstwertgefühl!

German & Romania

Ein Germanen-Multi-Kulti-Märchen für kleine und große Leute (10 – 150 J.). Der Drache vom Externstein erwacht und zeigt zwei Zankenden die uralten Parallelen zwischen Menschen, Natur und Umwelt (Kultur). Ergänzt durch liebevolle Zeichnungen erwacht in jedem Leser die Ur-Kult-Ur.

Historische Bezüge lassen das geniale Märchen in einer verblüffenden Realitätsnähe erscheinen.

Barbarische Balladen

„Neue deutsche Romantik ohne falsche Schnörkel. Vielleicht das Beste seit den Klassikern!" (Poesie hinterfragt – 3/2000)

Nur wer wie Hermann ein heldenhaftes Leben führt, scheint zu diesen Gedanken und Worten fähig. Balladen von: Schwertern, Liebe, Helden, Selbstmitleid, Mut, Zaubertränken, Pflastersteinen usw.

<u>V i d e o s :</u>
(mäßige Qualität – mächtiger Inhalt!)

<u>Der Schwertkämpfer Teil 1</u>

Die europäische Schwertfaszination in Mythos, Historie und
Gegenwart.

<u>Der Schwertkämpfer Teil 2</u>

Kinderleichtes Schaukampftraining für Männer und Frauen.
Ausführliche Tips zum Kauf und zur Pflege der
Schaukampfschwerter.

Hermanns Herrlichkeit

Unglaubliche Heldentaten von Hermann. Musik, Völkerfreundschaft, Urkultur. Ein Phänomen des Mannes, der durch Vorleben überzeugt.

M u s i k :
(in Vorbereitung)

Hermann Superhero stellt viele Projekte vor. (Nervt die Lieferanten!) Einige Stücke sind mehrfach oder in abgewandelter Form auf den Tonträgern zusammengestellt. Hier bitte auch unbedingt unsere Homepage (www.historia-aktiv.de) beachten!

Guitar God

Die besten und vielseitigsten Instrumentals des Gitarren Gottes.

German Steel

Metal-Stücke von Hermann (engl.)

Germanen Stahl

Die gleiche CD wie German Steel, nur in deutsch!

Classic Rock

Alte Rock- und Hardrock Stücke (engl.)

Hitting Rocks

Hits und Rocksongs (engl.)

Germanen Felsen

Die gleiche CD wie Hitting Rocks, nur in deutsch!

Universal Union

Reine experimentelle Guitarren Synthesizer
Instrumentalversionen.

BEST OF...

...Rock Experience

Englische Rocksong Experimente

...Rock Experience D

Die gleiche CD wie oben, aber in deutsch

uvm.

Akustik

Global Akustik Guitar

Weltweite Akustik Guitarreninstrumentals. Hermann übertrifft sich an Einfallsreichtum und Virtuosität selbst.

Euro-Akustik Guitar

Akustik Instrumentals zu verschiedenen Ecken Europas. Sein Einfühlungsvermögen und die immer neuen Klangstrukturen verblüffen erneut.

Germanen der Gegenwart

Hermanns Raunengesänge, Lyraguitarren und Naturorchester in dem Germanenwuchtwerk. Außerdem neudeutsche historische Schwert und Heldengesänge.

Historia Aktiv Sampler

Verschiedene Musikgruppen stellen unterschiedliche historische Epochen vor.

Aktion für Kinder

Ritter - Handwerker - Aktion

Kinder werden Ritter - und Sie?
aktiver Schwertkampf, Lederpunzieren, Speerziehen, Mittelaltermode,
englisches Langbogenschießen und, und, und ...

Kleiner Historietreff

Schwerter & Historische Veranstaltungen
Hermann Zu Tel. 0172-520 89 29
hermann.zu@historia-aktiv.de
www.historia-aktiv.de